KB003230

도쿄R부동산 이렇게 일 합니다

좋아하는 일을 직업으로 만든 우리의 전략

워크스타일 3.0

도쿄R부동산의 주 거점인 하라주쿠(原宿) 사무실. 자갈이 깔린 마당에서 넓은 테라스가 보인다.

매주 화요일 아침에 열리는 정례 회의 모습

회의 중에는 나이나 역할에 상관없이 자유로이 의견을 낸다.

화이트보드로 쓰이는 테이블에 모여

테라스에서 보이는 업무공간. 중앙에 대형 테이블이 놓여있다.

1. 주 1회 열리는 회의는 진지하게
2. 자전거로 동네 둘러보기
3. 소토보(外房)에 있는 회사 놀이터 '멍 하우스'에서 바비큐
4. 고베(神戸)R부동산 사무실에도 루프 테라스가 있다.
5. 테라스에 모인 후쿠오카(福岡)R부동산의 멤버들
6. 날로 과열 기미를 보이는 배구부
7. 전국의 R부동산이 모인 'R부동산 서미트'의 탁구대회

"아침에 일어나 하고 싶은 일을 할 수 있는 사람이야말로
성공한 사람이다."

- 밥 딜런(Bob Dylan)

행복하게
일하기

　일본 사람들은 바쁘다. 전 세계에서 손꼽힐 만큼 일을
많이 한다. 하지만 자신이 일하는 환경에 만족하는 사람,
보람을 느끼며 활기차게 일하는 사람은 적다. 출퇴근 시간
전철 안을 둘러봐도 에너지와 행복으로 충만한 표정을
짓고 있는 사람은 많지 않다. 다들 무언가를 고민하는 듯한
얼굴이다. 주위를 둘러보면 신나게 커리어를 쌓던 사람들도
문득 '내가 지금 뭘 하고 있나?' 하는 의구심에 멈춰 서곤
한다. 독립에 성공한 기업가조차도 "상장 따위는 하는 게
아니다."라고 말하는 경우가 꽤 있다. 왜 그럴까? 하고 싶은
일을 하는 게 아니라서? 회사, 이를 둘러싼 세상의 시스템,
혹은 상식이 개성과 개인 의사조차 묵살해서?

일은 인생에서 많은 부분을 차지한다. 분명한
사실이다. 그런 일을 마지못해 해야 하는 인생은 정말
질색이다. 물론 모든 것이 생각대로 풀릴 만큼 세상이
만만치 않다. 앞으로 상황은 더 혹독해지고, 환경은
끊임없이 변화할 것이다. 이 상황에서 우리는 우리가 하는
일을 어떻게 생각해야 할까? 이겨내야 할까, 아니면 균형을
찾아야 할까? 좋아하는 일을 해야 할까, 아니면 안정을
추구해야 할까? 돈일까, 보람일까? 동료일까, 출세일까?
그 대답은 저마다 다를 것이다. 당연한 이야기다. 그러나
당연함을 깨닫고도 오히려 정면으로 마주하는 사람이
많지 않은 것은 의문이다.

우리는 '도쿄R부동산'이라는 독특한 부동산 물건
사이트를 운영한다. 획일적인 거래 방식에 이미지까지
나빴던 부동산업계에서 독창적인 틈새시장을 발견해
'재미있는 부동산'을 만들려고 애써왔다. 처음에는 '하고
싶은 일'에만 열중하려고 시작했으나, 점차 가슴 뛰는 일을
함께할 동료들이 모여 들었고 자연스레 어엿한 직업으로
발전시킬 방법을 고민하게 되었다. 어느새 우리만의
방식과 시스템이 자리 잡았다.

도쿄R부동산의 동료들은 상식을 의심하고, 8년간
천천히 이상을 좇아왔다. 일에 대한 뜨거운 열정으로 버틴

끝에 생각은 공고해졌고 우리만의 방식이 정리되었다. 바로 우리가 하고 싶은 일을 동료들과 마음껏 해 나가겠다는 것이다. 우리는 아직 길 위에 있지만 자유롭고 즐겁게, 무리하지 않으며, 거짓 없이 신념과 열정으로 우리만의 '행복하게 일하는 방식'을 이루어가고 있다.

'프리 에이전트 스타일'(free agent style)이라는 조직 형태는 우리가 일하는 방식과 가치관을 상징한다고 할 수 있다. 직장인과 독립 프리랜서의 중간 형태이자 양쪽의 좋은 점만 골라 취한 방식이며, 하고 싶은 일을 하면서 개인과 조직이 모두 당당하게 살아남고자 한 끝에 자연스레 다다른 것이다. 프리 에이전트 스타일을 통해 우리가 소중하게 여기는 것들과 즐겁고 힘차게 일을 지속하기 위한 방법을 세상에 알리고 싶다.

이 책에서는 주로 우리가 '일하는 방식', '일을 대하는 자세'에 관해 이야기를 하겠지만, 이는 어디까지나 일례일 뿐이다. 그것이 조금은 색다른 생각, 특이한 방식으로 보일 수도 있지만 그렇지도 않다. 오히려 직장에 다니는 청년들, 기업의 관리자 층, 또 이미 독립한 사람들, 나아가 비즈니스 퍼슨이나 크리에이터 등 가리지 않고 모든 사람, 직종, 기업에서 통용될 수 있는 본질적 내용을 담았다. 독자들은 우리가 일하는 방식, 팀을 이루는 방법, 그리고 동기 부여의 비결을 보면서 나름대로 힌트를 얻었으면 좋겠다.

우리가 소중히 여기는 것들
- 하고 싶은 일을 직업으로 삼기
- 가치관을 공유할 수 있는 동료와 일하기
- 제대로 돈 벌기
- 끝까지 공정하기
- 직감을 중시하기
- 규모가 아닌 영향력에서 성장하기
- 여행하듯 살기
- 본질적으로 자유롭기

차례

{도쿄R부동산} 이렇게 일 합니다

차례

차례

0
우리가 일하는 새로운 방식

우리의 이상은
실현될 수 있을까

　　우리가 다니던 회사를 그만두고 '도쿄R부동산'이라는
부동산 사이트를 시작한 데는 몇 가지 이유가 있다. 처음
들어간 직장은 세상 사람들이 보기에도 결코 작은 회사가
아니었다. 오히려 모두가 동경하는 좋은 회사 부류에
들었다. 사실 눈코 뜰 새 없이 바쁘기는 했지만 월급과
대우가 좋았다. 하지만 우리는 처음부터 그 회사에 일생을
바칠 생각은 없었다. 최종적으로 회사를 그만두고 우리
손으로 사업을 시작한 이유가 우리에게 맞는 일을 찾다
보니 '그렇게 되었다'는 것인데, 어찌 보면 무척 소극적이고
즉흥적이었다 할 수 있다. 물론 적극적인 이유도 있었다.
조직 안에서 자유와 부자유를 경험하는 동안, 이상적이라

생각하는 '일의 방식'이 절실했기 때문이다. 진심으로
하고 싶은 일을 이상적인 방식으로 펼치고 싶었다. 우리가
바라는 대로 실현하려면, 우리 손으로 '일하는 방식'을
새롭게 만들어내야 했다.

도쿄R부동산의 멤버들은 가치관과 사고가
각양각색이다. 하지만 '일하는 방식'만큼은 언제나 비슷한
이상을 공유한다. 대략 정리하면 다음의 네 가지가 된다.

1. 하고 싶은 일 하기
2. 제대로 돈 벌기
3. 사회를 풍요롭게 만들기
4. 함께하면 즐거운 동료와 일하기

하나같이 당연한 소리지만, 대부분의 회사에서 이
조건을 모두 충족시키며 일하기란 여간 어렵지 않다. 돈을
많이 벌어들인다 해도 즐겁다는 보장이 없고, 사회에
기여한다는 느낌을 받지 못할 수도 있다. 반대로 회사를
그만두고 좋아하는 일에 한 걸음 다가섰다 해도 충분한
경제적 이익을 얻지 못하는 경우도 많다.

대부분의 사람들이 이상과 현실의 충돌을 경험한다.
우리도 아직 완성된 상태라고 보기는 어렵지만, 적어도

현실 속에서 균형을 잃지 않으며 이상을 실현하고자
노력한다. 지금부터 도쿄R부동산이라는 조직이 이상을
실현하기 위해 겪은 고민과 시행착오, 그 과정에서 있었던
어려움을 있는 그대로 보여줄 것이다.

우리는 이렇게
회사를 나왔다

　　도쿄R부동산이라는 부동산 사이트는 2003년에
개설되었다. 처음에는 구체적인 사업 계획조차 없었다.
약간의 아이디어와 그것이 장차 발전할 가능성에 대해
막연하지만 확고한 신념만 있었다. 프리랜서나 다름없는
몇몇 개인이 모여 일정한 거점 없이 불규칙한 활동을
시작하였고, 반 년 후에 사이트 이용자들의 반응을
바탕으로 본격적인 '일'과 '조직'의 면모를 갖추기
시작했다.
　　운영을 맡고 있는 핵심 멤버 셋은 이력과 성향이
다 다르다. 공통점은 건축학과를 졸업했다는 것인데,
모두 대형 건설사나 설계사무소 같은 건축업계에

취직하지 않고 색다른 길을 택했다. 어쩌면 학창시절부터 졸업하면 일단 건축업계에 취직하는 길에 거부감을 안고 있었는지도 모른다. 셋은 모두 건축학과 학생들이 흔히 선택하는 이상적인 왕도를 좇는 대신, 보다 현실적인 길을 선택했다. 요시자토는 부동산 개발회사, 하야시는 경영 컨설팅 회사, 바바는 광고회사가 첫 직장이었다.

요시자토 히로야(吉里裕也)는 학창시절 건축밖에 모르는 전형적인 건축가 지망생이었다. 졸업이 얼마 남지 않은 어느 날, 우연히 '디벨로퍼 아키텍트'(developer architect)라는 문구를 접하고 인생이 180도 변했다. 디벨로퍼 아키텍트란, 의미를 따져보자면 '직접 개발하는 건축가'인데 완벽히 새로운 개념이라 눈길을 끌었다. 그렇지 않아도 건축가가 하는 일의 영역에 막연한 의문을 느끼고 있던 터였다.

그는 스페이스 디자인이라는 부동산 개발회사에 들어가 전형적인 디벨로퍼의 일을 하였다. 직접 토지를 매입하고 자금을 조달해 사업의 수지타산을 따져본 뒤, 건물을 지어 팔거나 임대하는 일이었다. 건물의 관리와 운영까지 도맡았다. 일반적으로 생각하는 건축가의 일과 멀다고 느낄 수도 있었지만, 건축의 영역이 앞뒤로 확장되자 오히려 자신이 상상하던 건축가의 모습에 조금 더 다가섰다고 느꼈다.

　그리고 설계 및 디자인, 디벨로퍼의 업무까지 모두 다루면서도 간결하고 실속 있게 해낼 방법을 고민하기 시작했다. 처음 디벨로퍼 아키텍트라는 말을 접하면서 직감했던 이미지도 그랬다. 그런데 회사 안에서는 왠지 실현하기 어려울 것 같았다. 타협도 필요해 보였다. '그렇다면 노하우도 익혔겠다, 디자인도 하고 싶겠다, 독립해 스스로 해볼까?' 취직한 지 5년째 되던 해에 요시자토는 사표를 내고 자기 회사를 차렸다. 때마침 한 사무실에 근무하던 하야시도 회사를 그만두려 한다는 사실을 알았다. 참으로 절묘한 타이밍이었다.

　하야시 아쓰미(林厚見)는 도쿄대 건축학과를 나와 세계적인 컨설팅 회사인 맥킨지에 들어갔다. 그 후 컬럼비아대학교에서 유학 생활을 마치고 돌아와 서른 살에 부동산 기업의 임원이 되었다. 그의 경력이 화려하기 그지없었으니 출세 길도 탄탄하게 펼쳐져 있었다. 그런데 다양한 선택지가 있었음에도 연봉을 올리고 지위를 탐하는 길을 택하지 않았다. 그는 좋아하는 일을 자유롭게 하고 싶었다. 남들은 어처구니없다고 하겠지만, 본인은 지극히 진심이었다.

　하야시가 맥킨지에 다니던 시절에 있었던 일이다.

일주일간의 LA 출장 마지막 밤, 지칠 대로 지쳐 어느 호텔에 당도했다. 그곳은 당시 한창 화젯거리로 부상하던 디자인 호텔이었다. 공간, 분위기, 활기, 콘셉트와 디자인 등 모든 것이 충격적이었다. '보자마자 심장이 요동쳤다. 그날 밤이 인생의 방향을 바꾸어 놓았다. 그런 공간을 만들어내는 일을 해보고 싶었다.'

그는 맥킨지에서 하던 일에 불만은 없었지만, 가슴 저변에서 끓어오르는 감정을 억누를 수는 없었다. 그리하여 1년 뒤, 하야시는 컨설팅 일을 그만두고 건축과 비즈니스의 접점인 부동산 개발을 배우기 위해 미국으로 유학을 떠났다. 일본에 돌아와서 부동산 개발사에 취직했고, 거기서 요시자토를 만났다. 하고 싶은 일을 경험할 수 있는 환경에 흥분했다. 하지만 자유롭게 일하고 싶은 열망은 점점 커졌고, 그 역시 독립을 생각하게 되었다.

바바 마사타카(馬場正尊)는 요시자토, 하야시와 마찬가지로 학부 전공은 건축이었지만, 대학 4학년 때 아이가 생기면서 인생이 반전을 맞았다. 학교를 다니며 가정을 꾸리느라 거품경제의 한 가운데서 극빈한 생활을 보냈다. 무조건 가난을 벗어나고 싶어 월급을 많이 줄 것 같은 광고회사 하쿠호도(博報堂)에 취직했다.

겨우 손에 넣은 평온한 삶이었지만, 안정된 생활에

익숙해질수록 떨떠름한 기분이 쌓여갔다. 그래서
스물아홉 살이 되는 해에 휴직하고 박사과정에 입학했다.
반쯤 프리랜서와 같은 상황이었다 다시 직장으로
복귀하니, 이번엔 적응할 수 없는 상태가 되었다. 자유를
한번 만끽해본 사람에게 광고회사의 격무는 더 이상
무리였다. 결국 사표를 던졌다. 그때 바바는 이렇게
생각했다. '안정적이고 확실한 미래가 펼쳐져 있어도
불안하다. 인생의 앞날이 불투명해도 불안하다. 어차피
불안하다면 하고 싶은 일을 거침없이 하는 편이 낫다.'

회사도 독립도
아닌 중간 형태

　우리 셋은 경력이 조금씩 달라도 공통점이 있었다.
일본의 거리와 공간을 더 재미있고 생기 있는 모습으로
변화시키고 싶다는 생각이다. 오늘날 일본과 도쿄의
주거환경에 만족하지 못해, 변화를 일으킬 사회적
원동력이 되려 한다. 현재 도쿄R부동산에는 그런 포부를
안고 있는 사람들이 모여 있다. 어찌 보면 순진해 보일

것이다. 하지만 우리가 같은 꿈을 꾸기 때문에 조직으로
성립될 수 있었다. 그런 의미에서 우리 사업은 부동산
비즈니스가 주축이 아니며, 하나의 수단일 뿐이다. 어떻게
하면 더 나은 공간을 만들 수 있을지, 즐길 수 있을지가
주축이 된다. 우리의 목적이 단순히 창업이나 상장에
불과했다면, 이 조직은 만들어질 수 없었다.

우리는 회사라는 틀, 가령 부동산 개발회사나 컨설팅
회사, 광고회사, 나아가 건축업계 안에서는 우리 생각을
굽히지 않고 제대로 실현할 수 없다는 사실을 깨달았다.
그 장벽을 뚫을 수 있는 시스템 역시 스스로 만들 수밖에
없다는 결론을 내렸다. 그런데 독립해서 프리랜서가 되면
하고 싶은 일을 하는 '자유'는 얻어도 규모 있는 일을
하기가 어려워진다. 그래서는 결코 새로운 세계를 만들 수
없다. 우리 역시 '조직'을 이루어 일해야만 했다. 이 둘을
모두 취하기 위한 것이 바로 '프리 에이전트 스타일'인데,
이것도 처음부터 명확한 그림을 그리고 시작하지는
않았다. 우리는 코어 역할을 할 회사는 만들었지만 당장
사람을 고용할 수가 없었다. 비전을 공유할 파트너 같은
존재, 즉 개인과 직원 사이의 존재를 모색하면서 자연스레
균형을 잡아 만든 것이 지금의 방식이다.

프리 에이전트는 미국 작가 다니엘 핑크(Daniel H.

Pink)가 《프리 에이전트의 시대》(Free Agent Nation)에서 제안한 개념이다. 조직에 소속된 정규직 피고용인이 아니라, 시간, 공간, 인간관계, 업무 내용에서 타인의 제재를 받지 않으며 본인의 자유재량에 따라 일하는 사람으로 정의된다. 다시 말해 조직에 소속되지 않고 프로젝트 단위로 계약을 맺되, 개인 스스로가 지향하는 바를 팀으로 실현하며 일한다. 미국에서는 노동인구의 사 분의 일이 프리 에이전트라 하는데, 일본은 아직 일반적이지 않다. 일본 사람들에게는 프로야구의 자유계약 선수가 더 익숙할 것이다.

도쿄R부동산의 '프리 에이전트 스타일'은 개별 프리랜서들이 프로젝트마다 단기간 모였다 흩어지는 식은 아니다. 프로야구나 프로축구 선수처럼 프리랜서와 팀 요소를 접목시켰다고 보면 된다. 도쿄R부동산이라는 팀과는 마치 직원처럼 지속적인 관계를 맺지만, 일을 만들고 진행하는 방식에서는 자유롭다. 승리라는 동일한 목적을 가진 팀에 소속되어 있으면서도 수입은 개인의 성적에 따라 결정되는 운동선수에 가까운 것이다. 따라서 우리가 생각하는 이상적인 방식은 개인의 자아실현과 팀의 승리를 동시에 추구함으로써 성립된다.

'재미'와 '실속'을
동시에 추구하기

　　의식 있는 직장인이라면 독립이나 이직을 한 번쯤
고심해 본 적이 있을 것이다. 연봉을 좇을지, 보람을
좇을지도 고민이 많을 것이다. 우리의 이상은 이 두 가지를
모두 실현하는 것이다. 적어도 지금 우리는 '하고 싶은 일'을
제대로 된 사업으로 만들어, 자유롭고 실속 있게 추진하고
있다. 물론 해결해야 할 과제가 많고, 결코 '만족'스러운
상태도 아니다. 앞으로 도전하고 싶은 일도 산적해 있다.
어쨌든 여러 장점이 접목된 '일하는 방식'을 실현하며
행복하게 일하고 있다고 자부한다.

　　조금 더 설명하자면 이렇다. 도쿄R부동산은 처음부터
최우선으로 여기는 네 가지 가치 기준이 있다. 하나는
앞서 언급한 프리 에이전트 스타일의 '일'이다. 그리고
신뢰와 비전을 바탕으로 모인 '팀'. 다음은 자유와 책임,
공정성 안에서 테마를 추구하는 '조직 형태와 워크스타일'.
마지막으로 행복을 최적화하는 '자세와 가치관'이다.
그런데 사람은 저마다 달라서, 예전처럼 조직 논리를
강요해서는 더 이상 행복도 충만도 느낄 수가 없다. 자신의

시장 가치를 높이고 높은 지위에 오르는 것도 중요하지만, 그것만으로는 진정 충만할 수가 없다. 때문에 우리의 가치 기준에는 우선순위와 균형이 있다. 비전, 동료, 돈, 안정, 보람, 지위가 하나같이 소중한 것들이다. 이를 얻기 위해 주위에 현혹되지 않고 네 가지를 기준으로 각자에게 적합한 것, 나아가 사업과 프로젝트를 실행하는 최적의 방법을 찾아간다.

　장벽이란 항상 수없이 만나기 마련이다. 사람이 모이면 평가나 형평성에 문제가 생길 수 있다. 즐겁게 일하기 위해 지루한 회의를 어떻게 바꿀지, 매일 나오는 사무실을 어떻게 긴장감 넘치는 공간으로 변화시킬지도 생각해야 한다. 이 모든 것을 우리가 이상으로 여기는 방식에 가깝게 여전히 디자인하는 중이다. 프리 에이전트 스타일은 여느 월급쟁이의 눈에 비현실적으로 보일 수도 있다. 일본의 기업 풍토를 감안할 때 프리 에이전트 계약은 개인의 부담을 극도로 가중시키는 위험성도 있다. 도쿄R부동산도 이 방식을 어떻게 더 나은 형태로 발전시킬 수 있을지 계속해서 모색하고 있다. 시행착오가 아직 끝나지는 않았지만, 그 실현 과정과 다양한 아이디어를 소개하기로 한다.

I
도쿄R부동산이 하는 일

부동산
편집숍

　도쿄R부동산은 부동산 정보를 소개하는 웹사이트다.
기존의 부동산업계와는 다른 시각에서 부동산 물건을
찾아 중개하는데, 물건은 우리가 직접 보고 경험하여
매력을 느낀 곳만 엄선한다.

　'다소 낡아도 괜찮으니, 분위기 있는 집이 좋다.'
　'정원이 있거나 발코니가 넓은 집에 살고 싶다.'
　'단독주택을 개조해서 살고 싶다.'
　'창고 분위기의 건물을 개조해 사무실로 꾸미고 싶다.'

　사람들은 저마다 취향과 개성이 있다. 남 보기에

희한한 물건도 누군가는 보물 같은 공간으로 여길지
모른다. 중요한 것은 '그 만남을 어떻게 중개하는가'하는
점이다. 잘 찾아보면 각자 기호에 맞는 물건은 수없이 많다.
우리는 그런 물건을 정성껏 발굴해 온라인에 소개하며,
기존의 부동산이 도저히 찾아낼 수 없는 숨은 매력을 캐내
알리고 있다.

　도쿄R부동산 사이트의 최대 특징은 물건의 매력을
검색 아이콘(다음 페이지 참조)으로 보여준다는 점이다.
그리고 '천장이 높아 탁 트인 느낌이 들고 채광이 좋다'거나
'복고풍 디자인 분위기가 좋아서, 살면 살수록 애착이
생길 것'이라는 등 물건의 매력을 글로 설명함으로써 직접
가봐야만 알 수 있는 '분위기'를 최대한 전하려고 한다.
다만 물건의 특징은 입주자에 따라 장점도 되고 단점도
된다. 특징을 단언하는 행위가 제약으로 작용해, 오히려
아무런 기준 없이 본다면 잘 보이는 부분을 놓치게도 하는
것이다.

　곰곰이 생각해 보면 부동산은 사람을 닮아서 절대
같은 물건이 없다. 사람을 키나 소속 같은 정보만으로
판단할 수 없듯 부동산을 위치나 면적, 가격 정보만으로
판단하는 것도 이상하다. 그래서 우리는 물건의 외관은
물론 그 물건이 가진 이야기, 논리적으로 설명할 수는

도쿄R부동산의 검색 아이콘

빈티지
20세기 전반에 지어진
복고풍의 물건

조망GOOD
베란다 조망과 창 밖 야경이
뛰어난 물건

수변/녹지
계곡이나 공원 근처에 있어
자연경관이 뛰어난 물건

별장/해외
별장용부터 해외 물건까지,
도쿄 이외 지역의 물건

반려동물
반려동물과 함께 살고 싶은
이들을 위한 물건

개조OK
입주 후 개조가 자유자재.
자신만의 공간을 꾸밀 수
있는 물건

단독/독채
단독주택이나 건물 전체를
단독으로 임대하는 물건

할인 물건
여러 이유로 통상가격보다
싸게 나온 물건

높은 천장고
천장이 높아 개방감이 있음.
높은 천장고를 선호하는
이들의 물건

디자이너스
근사하고 감각적인 디자인
물건

보너스 요소
독특한 옵션이 달린 물건

창고 느낌
웬만해서는 찾기 어려운
창고 분위기가 나는 물건

옥상/발코니
독점해서 사용할 수 있는
옥상, 넓은 발코니가 있는
물건

매매 물건
도쿄R부동산에서는 임대
외에 매매 물건도 소개하고
있습니다.

없어도 왠지 끌리는 느낌 등 단순한 숫자 뒤에 숨은 진짜
매력을 끌어내 전하려 한다. 반드시 그 장소에 가보는 것도
그 물건을 '느끼기' 위해서다. 도쿄R부동산은 마음을
움직이는 물건만 소개하니, 한마디로 '부동산 편집숍'인
셈이다.

부동산을 고르는
기준은 '감동'

　도쿄R부동산은 매력적이고 개성 있는 물건만 골라
소개한다. 선택에 명확한 기준은 없다. 굳이 말하자면,
우리가 느끼기에도 '감동이 있는가' 하는 점이다. 감각은
사람마다 달라서 기준을 매뉴얼처럼 정리할 수도 없기에,
팀원 개개인의 감각에 맡긴다고 보면 된다. 누군가 좋은
느낌을 받은 물건이라면 분명 '다른 누군가'도 좋게 느낄
것이다. 좋게 보는 사람이 많지 않아도 상관없다. 팀원의
가치관은 다 다르지만, 방향성은 기본적으로 일치하는
데다 애당초 사이트의 콘셉트에 공감하는 사람이
도쿄R부동산에 합류하기 때문에 크게 문제가 되지 않는

것이다.

　우리 마음에 드는 물건만 골라서, 그것을 알아보는
이들에게 재미있게 소개하겠다는 생각은 타협의 여지가
없다. 언뜻 보기에 돈이 될 만한 광고형 사이트를 지양하는
것도 물건 주인의 의향에 휘둘리고 싶지 않아서다. 우리
사이트에서 인기가 있는 물건은 '왠지 모르게, 분위기가
좋은' 물건인데, 이를 말로 정확히 정의 내리기는 어렵다.
하지만 팀원들이 함께 물건을 보면 거의 전원이 그 판단을
이해하고 공유할 수 있다.

　우리는 물건이 가진 장단점을 모두 공정하고 성실하게
알린다. '조망은 좋지만, 설비는 상당히 낡았음' 같은
식으로 코멘트를 달고 사진을 첨부해 설명한다. 코멘트는
웃음을 자아낼 정도로 가벼운 톤으로 쓴다. 부동산업계
선배들에게는 '그렇게 손이 많이 가서야 수지타산이
맞겠냐?'는 핀잔을 듣기도 하지만, 우리는 '직접 체험한
바'를 그대로 전하기 위해 성가신 일을 마다하지 않는다.

　사람들은 부동산을 좋게 보지 않는다. 속을 수도
있다는 불안을 비롯해, 업계에 대해 좋지 않은 이미지가
워낙 많기 때문이다. 하지만 많은 사람들이 어떠한
형태로든 부동산과 관계를 맺고 살고 있다. 집은 물론이고
직장도 그렇다. 부동산 거래는 큰돈이 오가고, 눈에 잘

보이지 않는 부분도 많은지라 부도덕한 패거리가 많은 것도 유감스럽지만 사실이다. 그럼에도 우리는 성실하고 진지하게 고객과 마주하는 부동산이 되려 한다.

도쿄R부동산은 현재 월간 페이지 뷰가 3백만 회를 기록 중이다. 부동산회사 사이트로서는 일본에서 손꼽히는 웹 트래픽으로, 대기업을 제외하면 국내 최고가 아닐까 싶다. 언론과 블로그 등에는 '도쿄에서 가장 재미있는 부동산'으로 소개될 때도 많다. 우리가 회사를 차린 뒤 8년 동안 광고비로 단 1엔도 쓰지 않았음에도 사람들이 몰리는 것을 보면, 업계의 기존 시스템과 가치관에 불만을 느낀 이들이 많았음을 알 수 있다. 또 우리가 하려는 일을 지지해 주는 이가 적지 않다는 사실도 알 수 있다.

현재 도쿄R부동산은 실재 점포가 아닌 온라인으로만 집객을 한다.(※이나무라가사키(稲村ケ崎)R부동산과

보소(房総)R부동산은 점포가 있음) 문의 메일을 확인한
뒤 현장에서 고객을 만나 물건을 안내하고, 조건을 조정해
계약하는 실제 부동산 중개소이기도 하다. 이른바 인터넷
비즈니스가 아니다.

영업 담당은 열 명, 시스템 및 사무직 몇 명이
꾸려가는 작은 부동산에 매달 수십만 명이 다녀가는
상황을 처음에는 예상치 못했다. 물건 하나를 메인
화면에 올리면 하루에 만 명 가까이 보고 가는 것이다.
집주인들은 '잡지 1면에 실린 것 같다'며 꽤나 좋아한다.
대형 포털 사이트에 광고를 해도 임대물건 하나에
방문자가 만 명씩 몰리는 일은 좀처럼 없다.

고객이 많이 모이면 좋은 일이다. 그 대신 우리는
기대에 부응할 책임이 있다. 방문자는 흥미로운
물건을 기대하고 사이트를 방문하는데, 실망할 물건을
보면 순식간에 떠난다. 그래서 부동산 소유자나
관리회사로부터 물건 정보를 올려 달라는 의뢰를
받더라도 우리 사이트에 맞지 않으면 거절할 수밖에
없다. 대부분의 부동산에는 없는 일이다 보니 가끔
'거만하다'는 오해를 사는 경우도 있다. 하지만 이
점이야말로 우리가 목숨처럼 고집하며 끈질기게 지켜
나가야 할 부분이다.

도쿄R부동산의 메인 화면 www.realtokyoestate.co.jp

물건을
찾아주지 않는
부동산

　부동산회사이다 보니 지인이나 고객으로부터 '지금
이러이러한 물건을 찾고 있는데 그쪽에서 찾아줄 수
없겠느냐?'라는 의뢰를 종종 받는다. 도쿄R부동산은
이러한 의뢰에는 원칙적으로 응하지 않는다. 이 말만 듣고
보면 또 거드름을 피우는 몹쓸 부동산이라는 생각이 들
법 하다. 사실 우리도 그런 니즈에 멋들어지게 부응하고
싶지만, 현시점에서 불가능한 것뿐이다. 그러면 대체 뭘
하느라 못한다는 것인가?
　우리는 다양한 연줄과 방법을 동원해 여러 장소를
돌아다니는데, 어쨌든 재미있는 물건을 찾는 데 주력하고
있다. 자전거를 타고 동네를 샅샅이 돌아보고, 눈여겨보던
물건이 시장에 나왔는지 확인한다. 때로는 빈 방이란
빈 방은 모조리 뒤져보기도 한다. 이렇게 우리 머릿속에
입력되어 있는 감과 데이터베이스를 총동원해 물건을
찾지만, 비어 있으면서도 재미있는 물건은 애초 우리가
원하는 장소에 상상했던 조건으로 존재하지는 않는다.

게다가 도쿄R부동산의 고객들은 평범한 물건에 결코 만족하지 않는다. 요구 조건에 맞추어 찾아본다 한들 고객이 만족할 만한 물건을 곧바로 제시하기는 쉽지 않다. 이점은 중고의류점과 비슷하다. 가령 디자인이 마음에 드는 옷이 있는데, 살짝 크기가 맞지 않거나 색상이 마음에 걸린다고 하자. 비슷하기는 해도 원하는 옷은 중고매장에 없다. 그렇다고 가게 주인이 "좀 다르지만 이것도 한 번 보세요."라며 같은 가격이라고 내놓아도 살 수 없는 노릇이다. 부동산 물건과 수요자의 니즈를 맺어주는 것도 그런 점에서 쉽지 않다.

물론 '이 정도면 마음에 들겠지?' 하고 물건 정보를 보내는 경우는 있다. 하지만 사람들의 니즈에 맞춰 물건을 찾는 시스템이 되면 아무래도 재미있는 물건을 찾겠다는 원칙과 멀어지고, 결과적으로 '매력적인 상품이 없는 가게'로 전락하고 말 것이다. 일단 우리는 과감한 결론을 내렸다. 우리가 고객에게 해줄 수 있는 가장 중요한 일은 우리에게 공감해 주는 고객들이 원할 만한 물건을 어쨌든 많이 찾는 것이다. 이점에 주력하여 물건을 수집한 뒤, 가게(사이트)에 진열해놓고 '골라보세요!'하는 식도 우선은 괜찮을 것이라 생각한다.

이러한 경위로 우리는 '상식적으로는 성립할 수

없는 일'을 성립시켰다. 다만 이 방식을 고수하는 것이
최선이라고는 생각지 않는다. 언젠가는 고객의 니즈에
즉시 부응하는 정보를 더 제시하도록 노력할 것이다.

도쿄R부동산은
이렇게 시작되었다

　이 일을 시작하기 전부터 줄곧 하던 생각이 있다.
기존의 부동산은 다양한 가치관과 니즈, 개성에 맞춘
물건을 제공할 수 없다는 것이었다. 개인의 니즈는 점점
다양해지는데 부동산은 변함이 없었다. 우리는 그
점이 불만이었다. 동네 부동산은 취급하는 물건 정보에
일정한 기준을 적용한다고 하지만, 결국 완공 연도, 면적,
가격 등으로만 구분한다. 하지만 사람들은 정량적인
판단보다는 정성적인 감각에 따라 물건을 고르는 경우도
많을 것이다. 이를테면 '왠지 내 취향에 맞는 분위기'이다.
가까운 크리에이터들도 같은 이야기를 했다. 그들은
"내가 원하는 물건을 설명해도 부동산은 이해를 못
한다."라며 자주 불만을 토로했다.

또 누군가에게 쓸모 있는 공간을 만들었다 해도, 원하는 사람과 이어지지 못하면 그 공간은 가치를 잃고 만다. 그러니 최대공약수 같은 따분한 아파트들만 생겨난다. 일본의 주거환경을 좀 더 즐겁고 좋은 환경으로 만들려면 지금까지 부동산을 중개해왔던 스타일과 달라야 했다. 우리는 고객들이 자신의 가치관이나 취향에 따라 자유롭게 선택할 수 있는 시스템을 만들고 싶었다. 그래서 우선 가까운 사람들부터 정말 필요로 하는 부동산이 되기로 했다.

우리는 일단 도쿄에서 잠재력이 높은 지역, 무언가 재미있는 일이 일어날 것 같은 동네를 찾는 일부터 시작했다. 뉴욕에는 SOHO(South of Houston)나 MPD(Meat Packing District) 등* 새로운 문화가 발생한 지역이 있다. 도쿄에서 그 같이 변모할 가능성이 있는 지역은 어디일까? 우리가 주목한 곳은 주오구(中央区)

* 뉴욕의 SOHO 지역은 한때 공장과 창고가 밀집했으나 1920년대 대공황으로 공장들이 도산, 폐업하면서 황폐해졌다. 빈 건물에 가난한 예술가들이 몰려들면서부터는 젊은 예술가의 거리로 거듭난 곳이 되었다. MPD도 뉴욕 각 지역에 신선한 고기를 공급해 온 도축, 육가공의 지역이었는데, 2000년대 들어 도시정비 사업이 개시되자 도축, 가공업체가 떠난 자리에 역시 예술가들이 자리잡기 시작했다. 두 지역 모두 명실상부한 예술, 패션, 문화의 거리로 변모하였다. - 역자 주

니혼바시(日本橋)의 동쪽과 북쪽을 중심으로 한 이른바 CET(Central East Tokyo)* 지역이다. 이곳을 개척한 것이 우리 일의 시발점이라 해도 좋다. CET 지역에는 오래되어 분위기가 독특한 건물이 많았는데, 원래 도매상이 밀집해 있던 만큼 천장고가 높은 건물도 많았다. 그러나 직물 도매상이 문을 닫으면서부터는 대부분의 건물이 비기 시작했다. 게다가 그 일대는 교통편이 좋고 도심과 가까웠지만, 사람들은 오로지 낡은 동네라는 이미지만을 떠올렸다. 젊은이들이 찾을 만한 곳이 아니었다.

　우리는 도쿄R부동산이라는 미디어를 이용해 뭔가 새로운 이미지를 구축하려 했다. "관점을 바꾸면 이 거리도 이렇게 매력적입니다!"라고 호소하고 싶었다. 지역에서 오래된 빈 건물과 창고를 열심히 찾아다녔고, 그중에 리노베이션 하면 쓸만하겠다 싶은 물건을 무조건 사이트에 올렸다. 설비와 집기가 그대로 있는 선술집, 지하에 자리 잡은 기계실, 지진이 오면 무너질지도 모르는 주택까지 모두, 우리한테 와닿는 느낌을 말로 표현하고 정성껏 한 건, 한 건 설명을 붙였다.

---

*　도쿄 동부지역. 바쿠로초(馬喰町), 히가시니혼바시(東日本橋), 히가시칸다(東神田) 등 도쿄 주오구, 지요다구(千代田区)가 중심이다.

부동산 중개는 물건과 사람을 이어주는 일이다. 그런데 소유주와 입주자, 입주자와 입주자 같은 '사람과 사람'을 맺어주는 일이라 볼 수도 있다. 사람과 사람이 연결되면 거리에는 새로운 움직임이 생겨난다. 예술가와 건축가, 상점과 갤러리 관계자에게 물건을 소개하자, 새로운 문화가 조금씩 움텄다. 처음에는 대중적인 인기와 동떨어진 느낌이 들었는데 문화 정보 사이트인 '리얼 도쿄'(Realtokyo)에 링크를 걸고 나서부터 조회 수와 회원이 꾸준히 늘었다. 매출이 늘지는 않았지만, 물건을 보는 관점과 콘텐츠가 사람들의 관심을 파고들었음을 실감할 수 있었다. '잘 되겠구나! 제대로 된 일로 발전시켜보자'라는 확신을 얻기까지 그리 오래 걸리지 않았다.

망상을 일으키는 부동산 미디어

우리는 무엇보다 사이트 방문자가 '즐겁다', '재미있다'는 느낌을 받았으면 한다. 무미건조한 정보를 그저 게재하기만 해서는 재미있을 리 없다. 그래서 쓸모 있는 정보를 모아 매력적으로 보이도록 사이트를 '편집'한다. 다시 말해 '잡지' 제작과 비슷한 작업을 하는 셈이다.

물건을 만날 때는 의외성이 있어야 즐겁다. 디자인이 강하게 느껴지는 노출 콘크리트 건물 아래에는 오래되어 낡았지만 고즈넉한 가옥을 배치한다. 수천만 엔 하는 아파트 위에는 8만 엔짜리 목조 임대 아파트를 나란히 놓는다. 그래서 신축 건물에 살 생각으로 물건을 찾다가 오래된 물건에서 예기치 못한 장점을 발견할 수도 있다. 당장 임대하거나 구입하지 않아도 된다. 고객이 사이트를 방문하여 즐기는 동안 새로운 주거 방식, 또는 자신이 정말 원하는 것을 깨닫는다면 좋겠다. 우리의 가치관과 감각으로 찾은 물건에 공감하는 사람이라면 분명 우리 사이트의 편집 내용을 즐기리라 믿는다. 이 믿음으로 우연한 만남과 신선한 발상을 자극할 만한 게재 방식에 주력한다.

부동산 정보는 때로 망상을 불러일으킨다. 전단지의 평면도를 보면서 '소파는 저기에 놓아야지', '책은 여기서 읽어야지' 하는 등 시간 가는 줄 모르고 몰두한 적이 누구나 있을 것이다. 머릿속에서 공간을 상상하고 그

속에서 어떤 생활을 할지, 망상을 부풀린 경험 말이다.
우리는 사이트를 통해 그런 감각을 표현하려고 한다.
고객보다 먼저 망상을 끝낸 뒤, 그 내용을 주관적인
표현으로 전한다. '나는 이 방이 맘에 든다!'는 느낌도
그대로 적고, '목욕탕이 좀 낡았다' 같은 부정적인 정보도
서슴지 않는다. 좋은 점만 알려 본들 종국에는 신뢰
관계에 흠집만 남길 뿐이다. 처음부터 있는 그대로 전부
알리는 편이 나중에 물건을 보러 갔을 때 헛수고하는
일이 없다.

도쿄R부동산이 부동산 중개소이자 새로운 가치관을
전하는 미디어로 존재하는 것은 여러 멤버들의 감각과
생각을 모아 시작했기 때문이다. 부동산 중개 경험은
전무하지만 건축설계, 편집, 부동산 개발, 예술 등
다양한 분야를 넘나드는 이들이 모여, 초기에는 효율도
도외시하며 그저 '우리는 어떠해야 하는가'를 그리는
망상에서 출발했을 따름이다.

'하고 싶다'
- 연쇄 작용과 지방 전개

도쿄R부동산은 지방으로도 뻗어 나가고
있다. 가나자와(金沢), 후쿠오카(福岡), 보소,
이나무라가사키(가마쿠라(鎌倉)), 고베(神戸),
오사카(大阪) 등. 도시마다 제휴사가 있고 관계는
프랜차이즈 형태를 띤다. 제휴를 맺을 때는 무엇보다
가치관과 감각이 맞는 상대인지를 최우선으로 고려한다.
　어느 도시에나 우리가 관심하는 잠재력이라는 것이
나름의 모습으로 존재하는데, 예를 들어 가나자와에는
비어 있는 전통 상가주택(町家, 마치야)이 상당히 많다.
이러한 물건을 활용해 수익을 내면 전통문화 보존에도
일조할 수 있을 거라는 생각에, 가나자와에 있는
동료와 손을 잡고 세운 것이 가나자와R부동산이다.
보소R부동산은 도시생활에 지쳐 '자연 속에 또 하나의
거점을 가지고 싶다', '해변에서 매일 서핑을 즐기고
싶다'라고 단순히 생각했던 것이 계기가 되어 탄생했다.
생각은 새로운 만남으로 이어졌고, 조금씩 연쇄 작용을
일으키며 여러 지역으로 확산되는 중이다.

가나자와R부동산의 사무실

이나무라가사키R부동산의 사무실

우리가 하는 모든 것은 '하고 싶다'는 욕구에서 시작된다. 그래야만 한다. '하고 싶은 일'을 그려가며 열심히 일할 때, 웬일인지 함께하고 싶은 사람도 만나게 된다. 그러면 좋아하는 동료와 신뢰 관계 속에서 일할 수 있다. 또 일도 성장하고 동료도 늘어나는 긍정적인 연쇄 작용이 조금씩 자연스레 일어난다. 동시에 우리가 하는 일이 사업으로서도 온전하도록 전력을 다한다. 비전과 이미지가 있고 전략과 행동을 제대로 갖출 때 비로소 직업이 된다. 이를 지속하기는 더욱 어렵지만, 그렇다고 해서 어쩔 수 없이 주주의 이익을 위해 하는 일, 규모의 '성장'을 명분으로 열의 없이 하는 일이 잘 되리라고는 생각지 않는다.

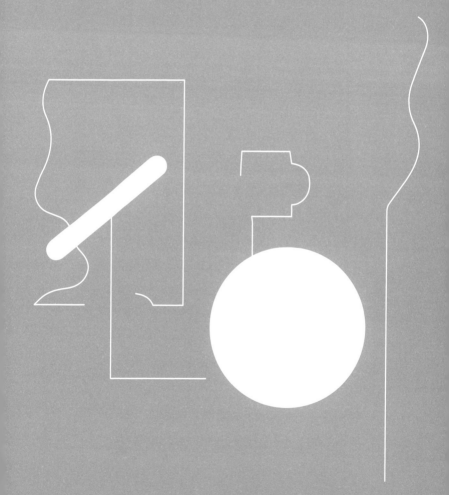

II
직장인과 프리랜서 사이

프리 에이전트로
일하기

　도쿄R부동산의 멤버들은 '프리 에이전트 스타일'로
일한다. 우리를 프로야구 선수에 비유하면 이해가
수월하다. 프로야구 선수들은 기본적으로 개인
사업자로서 구단과 '계약'을 하고 개인의 성과에 따라
보수를 받는다. 성과가 나쁘면 연봉이 삭감되고, 성과가
좋으면 연봉도 덩달아 오른다. 하지만 개인의 성과 이전에
팀이 승리해야 한다. 선수들은 팀의 우승이라는 공통의
목표가 있으며, 선수 개인인 동시에 우승을 노리는
팀원으로서 최선을 다한다.
　도쿄R부동산의 멤버들도 회사와 '계약'한 선수
개인이다. 멤버들은 도쿄R부동산의 사이트를 활동

무대로 삼아 각자 자영업을 한다고 볼 수 있다.
보수는 개인의 성과와 연동되며, 업무는 기본적으로
개인의 재량에 따르지만 서로 연계되기도 한다.
다시 프리 에이전트 운동선수를 떠올려 보자. 팀이
우승하면 관객 동원 수가 늘어 선수의 연봉이 오르듯,
도쿄R부동산이라는 팀도 인기가 생겨 사이트를 찾는
사람이 늘고 물건마다 문의가 늘면 이익도 생긴다. 그리고
그 이익은 멤버 개인에게 환원된다. 그래서 멤버들은
사이트를 활성화해서 보다 많은 고객을 모으기 위해
협력한다. 개인과 팀 모두에게 의미가 있는 것이다.

　우리는 처음부터 프리 에이전트 스타일로 일을
했다. 초창기에는 매출이 거의 없어 모두 아르바이트를
겸했는데, 밤에 꼬치구잇집에서 일한 이도 있고 그래픽
디자인 일을 한 이도 있었다. 회사에도 돈이 없었기
때문에 직원으로 고용할 수 없어, 돈이 들어오면 월급을
주겠다는 식으로 운영할 수밖에 없었다. 하지만 그
때문만은 아니었다. 이 일을 제대로 된 사업으로 만들기
위해 각자가 독립적으로 채산성을 갖추어야 한다고
생각했고, 멤버들도 필연적으로 그 정신을 갖는 상황을
조성해야 한다는 판단도 있었다. 또 개성 있는 물건을
찾아내는 바이어(영업 담당)들은 자기 색깔이 분명한

사람들이라, 직원 신분으로 남 '밑'에서 일하기보다
평등하게 모인 팀 안에서 자유롭게 일하는 편이 더 잘
맞았다.

자유와
자기 관리

　　프리 에이전트 스타일은 장점만 취한 워크스타일이다.
대기업에서는 자신이 하고 싶은 일을 좀처럼 할 수
없지만, 독립해서 프리랜서가 되면 자유가 늘어나는 대신
조직에 속한 장점을 누릴 수 없게 된다. 일의 규모를 키울
실마리도 좀처럼 찾기 어려워서 결국 하고 싶은 일을 할
수 없고, 하고 싶지 않은 일을 하면서 먹고살기도 한다.
프리랜서들이 모여서 프로젝트에 맞게 팀을 그때그때
짜는 것도 좋지만, 조금 더 일체감이 있으면 일은 추진력이
붙는다. 우리가 하려는 일도 팀으로 해야 할 일이었기
때문에 조직이 필요하였다. 즉 개인의 장점과 조직의
장점을 모두 갖추기 위해 도달한 곳이 프리 에이전트
스타일이었다.

프리 에이전트는 말 그대로 프리, 자유롭다. 자유는 시간의 자유, 일하는 방식의 자유, 조직과 관계를 맺는 방법상의 자유, 또는 일을 대하는 자세의 자유, 이 모든 의미를 포함한다. 때문에 자신이 좋아하는 일을 하기 위해 일하는 방식을 스스로 정하면 된다. 팀과 고객에 성실하고 공정하다면 언제 일할지, 언제 쉴지를 자유롭게 정할 수 있다. 일하는 장소는 사무실일 수도 있고 집일 수도 있으며, 카페라도 상관없다. 평일에도 시간이 비면 영화를 보러 가도 되고, 컨디션이 좋지 않은 날에는 당연히 낮잠을 자거나 게으름을 피워도 상관없다. 모두가 매출 목표를 달성하기 위해 일할 필요도 없다. 자신이 정한 테마나 목적에 따라 움직이면 된다. 어느 정도 성과는 필요하지만, 성과를 이루는 방식을 누가 강제하는 법이 없다. 신규 프로젝트에는 누구라도 참여할 수 있다.

반면 프리 에이전트는 냉혹한 측면도 있다. 모든 것이 자기책임이다. 자기 일을 스스로 관리해야 한다. 누군가의 지시를 받아 움직이는 것이 아니므로, 자신에게 엄격하지 않으면 점점 타락할 위험이 있다. 이점이 어떤 이에게는 가혹할 수 있다. 또 멤버들은 자유를 얻는 대신 자신의 경제에 책임을 져야 한다.

당연히 월급제가 아니라서 수입은 항상 들쭉날쭉하고 멤버들 사이에 차이도 생긴다. 흥미로운 물건을 발굴하고도 고객에게 중개한 성과가 없으면 수입이 0엔일 때도 있다.

프로야구 선수가 성적이 나쁘면 방출되거나 2군으로 떨어진다. 하지만 우리는 내부에서 결과를 직접 공유하기 때문에 성과가 좋지 않으면 비교의 눈총을 받는다. 성과를 내지 못해 그만두겠다고 스스로 물러난 사람도 실제로 있다. 그 냉혹함까지 프로 스포츠를 닮았으니, 이곳은 실력 사회이다.

가위바위보로
결정하는 일

우리는 '가위바위보'로 의사 결정을 할 때가 있다. 이유인즉슨 좋은 물건을 차지하기 위해서다. 부동산 소유주로부터 '물건을 게재해 달라'는 의뢰가 오는 경우에 첨부된 글이나 사진을 보고 우리 사이트에서 계약이 이뤄질 수 있을지 검토한다. 이 같은 검토는 매주 한 번

열리는 정례 회의에서 이루어지는데 좋은 물건이 들어오면
'담당자'를 놓고 경쟁이 벌어지는 것이다.

　　매력적이면서 우리 사이트에 딱 맞는 타입이면 계약이
성사될 가능성이 높기 때문에, 당연히 서로 맡으려고
한다. 반대로 우리 사이트와 궁합이 맞지 않아 보이는
물건을 맡으면 고객을 안내해서 현장을 직접 방문하고도
여간해서 계약으로 이어가기가 어렵다. 그렇게 되면
담당은 담당대로 고생, 고객은 고객대로 헛걸음을 하게
된다. 때문에 외부에서 의뢰한 물건의 경우는 멤버들의
자주성을 고려하거나 물건 소유자에게 적합한 체계를
감안하여 검토한다. 그럼에도 결론이 나지 않을 때는
가위바위보로 결정하는 것이다.

　　"이 물건 맡고 싶은 사람?"

　　"저요!"

　　일단 간단하게 손을 드는 방식으로 의사 표시를 한
뒤, 그중에서 가위바위보로 결정한다. 나이나 경력도
상관없다. 대단히 매력적이고 임대료, 즉 수수료가 높은
물건조차도 가위바위보로 한순간에 정해질 때가 있다.
가위바위보 결정은 우리 조직이 얼마나 평등한지를 잘
보여주는 일면이다.

방임주의와
따뜻한 시선

　도쿄R부동산은 기본적으로 방임주의를 표방한다. 사자 새끼처럼 자기 힘으로 절벽을 기어오르라는 것이다. 연수나 멘토 시스템이 없으며, 매뉴얼도 없고 담당 상사도 없다. 언뜻 보면 아주 냉정한 조직이다. 처음부터 정해진 방식을 가르치지 않기 때문에 신입은 필사적으로 흉내 내거나 물어봐야 한다. 이럴 때 주변 동료들이 정성껏 힌트를 주거나 가르쳐주는 분위기가 있다. 처음에는 일의 기본 흐름을 파악하는 속도가 느릴지 모른다. 일을 하는 방식에서 개성이 발현되거나 프로로서 각오가 생기려면, 과잉 친절한 시스템은 만들지 않는 편이 낫다.

　도쿄R부동산의 육성 시스템은 프로그램으로 되어 있거나 담당제가 아닐 뿐이지, 실제로는 여러 사람을 통해서 얼마든지 배울 수 있다. 게다가 신입은 어느 정도 각오를 한 상태로 들어오고, 우리는 자기관리가 가능한 사람을 뽑는다. 그래서 일정한 체계가 없다 해도 다들 어떻게든 적응해 나간다. 다만 선배들은 저마다 '일하는 방식'이나 '사고하는 방식'에 개성과 차이가 있기에 같은 질문을 다섯 사람에게 던지면 다섯 가지 답을 얻을 수 있다. 그것을 소화해서 자신만의 여섯 번째 답을 찾으라는 것이다. 앞으로는 이러한 '소수 정예' 방식에 조금씩 변화가 있겠지만, 적어도 지금은 자신에게 맞는 방법을 선택하는 방식이 우리의 육성 시스템이다.

후배를 키운다고 해도 자신의 수입이 느는 것도 아니며, 오히려 후배들이 성장하면 자신과 경쟁하는 상대가 될 수도 있다. 그럼에도 가르쳐준다는 것은 각자가 'R부동산'이라는 이름에서 느끼는 자긍심, 그리고 그것을 공유하는 동료의식이 있기 때문이다. 애당초 같은 흥미를 가진 옆자리 동지를 냉대할 사람들이 아니다.

얼마 전 대학을 갓 졸업한 신입이 처음으로 들어왔다. 어서어서 자립하라는 의도지만, 신입에게 알아서 하라는 식은 역시 아니겠다 싶어 교육 담당을 붙이기로 했다. 그러자 즉시 손을 들어 자청하는 사람이 있었다. 새로운 방식이 만들어진 것이다. 분명 앞으로도 서서히 새로운 패턴은 생겨날 것이다.

베이스캠프의
중요성

　도쿄R부동산 멤버는 사무실이 아니라 거리 전체를
일터로 삼는다. 있어야 할 것은 노트북이면 된다. 물건을
발견하면 사진을 찍어 바로 그 자리에서 물건 정보를
사이트에 올릴 수 있고, 메일은 어디서나 주고받을
수 있다. 아침에 집을 나서서 곧바로 고객에게 물건을
안내하고, 다니며 봐 둔 재미있는 물건은 관공서나
인터넷에서 미리 확인한 뒤 관리회사에 연락해 답사,
답사가 끝나면 곧바로 노트북에서 정보를 만들어
올린 다음, 또다시 외근⋯⋯. 이렇게 자유롭다. 오히려
유목민처럼 일하는 방식이 좋다.

　한편으로 그렇기 때문에 우리에게 중요한 것은
'베이스캠프'다. 모두 흩어져서 저마다 수확을 하고 서로
다른 정보를 들고 돌아오기 때문에 한자리에 모여 얼굴을
맞대고 '오늘은 어땠는지'를 이야기하는 실질적인 소통이
필요하다. 우리에게 사무실은 일을 하는 곳이라기보다
정보를 교환하는 장소로서의 의미가 크다. 그래서
사무실의 책상 배치는 일본 회사의 상징과도 같은 '섬

형태'를 답습하고 있다. 여러 개의 책상이 모여 있는
모습이 아니라, 큰 책상 하나가 가운데 있는 '섬'. 각자의
공간은 오밀조밀하지만 커다란 상판을 넓게 공유한다.
당연히 멤버들끼리의 간격은 즉시 말을 걸 수 있는 정도로
디자인된 것이다. 그래서 우리 사무실은 책상에 앉아
업무에 몰두하는 곳이라기 보다 베이스캠프인 셈이다.

도쿄R부동산의 사무실 '하라주쿠 그린랜드'는
하라주쿠 번화가에서 조금 들어간 주택가 초입에 있는데,
이곳으로 이사한 것이 2007년이었다. 당시 우리는
사무실을 어떻게 꾸밀지를 놓고 다 같이 토론을 벌였다.
큼지막한 테이블을 놓자고 의견을 모았으며, 초대형
상판을 올린 테이블을 사무실 한가운데 묵직하게 두어
멤버들 사이에 가로막는 것이 없는 공간을 만들기로 했다.

각자 노트북을 착 닫으면 생기는 하나의 큰 공간.
순식간에 소통 대형이 만들어지니 참으로 적절한
선택이었다. 마치 여럿이 둘러앉아 끊임없이 이어지는
대화가 있는 저녁 식탁 같은 업무용 책상이 우리에게는
필요했으니까. 많은 일이 나날이 디지털화되고 있으며,
우리 일 또한 짐을 쌓아 두어야 하는 부류가 아니다.
사무실은 속도감과 상호 거리감을 생각하면 최적의
공간인 셈이다.

요즘 기업에서는 '자율 좌석제'*를 종종 도입하는데,
우리한테는 그다지 매력적이지 않다. 아무래도 자신만의
장소, 대형이나 전체 속에 있는 개인의 위치를 생각하면
'서로가 어디쯤 있는지 정도는 파악되도록' 자기 자리가
있는 편이 낫다. 축구나 야구에는 포지션이 있고
조직에서는 자신이 책임져야 하는 범위가 있는 것처럼
각자의 자리는 자연스레 정해졌다. 그런데 의자만큼은
색깔, 디자인, 분위기가 제각각이다. 자기 취향껏
조달하기 때문이다. 의자는 개성을 최우선시하는 우리
조직의 사고가 상징적으로 드러나는 것이다. 기능성
의자나 디자인이 멋진 의자부터 미용실 의자, 폐업한
영화관의 의자를 개조한 것까지 별의별 게 다 있다.
단조로운 책상 하나, 자기주장이 담긴 의자 여럿. 그
균형이 기분 좋다.

---

* 직원의 좌석을 지정하지 않는 방식. 한때 IBM 등에서 시도했던 NTO(non-territorial office, 탈영역 업무공간)와 같은 방식으로 특정 부서나 팀의 영역이 구분되지 않으며 예약도 필요치 않는 시스템이다. 프리 어드레스(free adress) 는 일본식 조어 - 역자 주

사무실 한가운데를 차지한 대형 테이블

취향대로 조달해 제각각인 의자들

사랑해 마지않는
루프 테라스

도쿄R부동산이 하라주쿠 사무실로 이사 왔을 당시
임대료는 꽤나 부담이었다. 비싼 임대료임에도 무리를
해서 옮긴 이유는 널찍한 테라스가 딸려 있었기 때문인데
실로 과언이 아니었다. 처음 물건을 보러 왔을 때도 다들
내부는 보지도 않고 테라스에만 정신이 팔렸으며, 우리가
부동산 전문가임에도 실내에서 밖을 본 것으로 물건을
결정했다. 그만큼 테라스를 중요시하였다.

사무실 단장에 들인 금액 대부분도 테라스에
들어갔다. 우드데크를 붙이고 진짜 잔디를 깔았으며,
카운터도 만들었다. 사무실 전체를 통틀어 봐도 실외
테라스 쪽에 압도적으로 정성을 들였는데, 왠지 모두가
당연하다는 분위기였다.

그렇게 사랑해 마지않는 테라스에서 멤버들은
무엇을 할까? 먼저 탁 트인 전망에서 시선을 조금만
돌리면 메이지 신궁(明治神宮)의 숲이 한눈에 들어온다.
그곳에서 우리는 담배를 피우며 쓸데없는 잡담을 나눈다.
날씨가 좋을 때는 해먹에서 낮잠도 잔다. 해질녘에는

노을 지는 하늘을 구경한다. 기분 좋은 여름밤, 일이
끝나면 한 손에 캔 맥주를 들고 하나, 둘 카운터에
모여들어 담소를 나눈다. 만두 파티, 바비큐 파티를
열 때도 있다. '이 시간을 위해 일하는 것 아닐까?', '이
사람들과 같이 일해서 좋다!'는 생각이 드는 순간들이다.
이 테라스는 서로 다른 형태의 계약을 맺고 있는
멤버들을 하나로 묶는 중요한 공간이다.

　도쿄R부동산이 취급하는 물건도 '옥상/발코니'
아이콘이 붙은 것은 인기가 많다. 여느 부동산에서는
물건 정보에 테라스나 발코니를 표시하지 않는다.
테라스를 넓게 만들어도 '임대 면적'에 포함되지 않기
때문에, 일본의 임대 물건은 테라스가 작은 것들뿐이다.
우리는 그런 고정관념에 반기를 들며 옥상이나
테라스에서 느끼는 큰 가치를 알리고 있다.

　하라주쿠 그린랜드의 넓은 테라스는 우리의 자유와
부동산업계의 새로운 질서를 묵묵히 추구한 결과로써
존재하는지도 모른다. 우리에게 외양은 크게 중요치 않다.
그래서 건물을 멋지게 꾸미는 일에는 흥미가 없다. 중요한
것은 즐거움과 자유, 편안함이 있으며 발상이 샘솟는
장소이다.

사무실에서 가장 중요한 공간인 테라스

캐릭터를
중시한다

프리 에이전트 조직에서 개성 넘치는 물건 정보를
다루려면 구성원들의 캐릭터가 중요하다. 투수인지,
포수인지, 타선이라면 장타력이 있는 4번 타자인지,
발이 빠른 1번 타자인지, 번트를 잘하는 2번 타자인지,
성격이 분명해야 한다. 뭐든 적당히 잘하기보다는 무언가
하나라도 뛰어난 편이 낫다. 캐릭터가 살아있어야 적절한
곳에 배치할 수 있다.

도쿄R부동산에서도 명확한 캐릭터 또는 눈에 띄는
전문성이 있어야 살아남기 쉽다. 홈런 한 방을 노리는 4번
타자는 매매 물건에 강한 멤버이다. 매매 물건은 임대보다
계약이 어렵고 복잡하지만, 꾸준히 단타를 쳐내는
것보다 크게 한 방을 때릴 수 있다. 그 대신 골머리를 싸고
고생했던 물건이 마지막 융자 조건 때문에 어그러져서
고객을 실망시키는 경우는 물론, 기대하던 자신의 수입도
순간에 제로가 되는 리스크도 있다. 그런데도 매매 건수만
노리는 사람이 있다.

차분한 복고풍 단독주택을 부지런히 다루는 사람도

있고, 질 좋은 물건을 품위 있는 고객에게 연결하는 수완이 뛰어난 사람도 있다. 또 CET라 불리는 도쿄 동부 지역인 간다, 니혼바시의 오래된 건물을 갤러리나 아틀리에, 감각 있는 아티스트에게 소개하는 데 특출난 멤버도 있다. 그 외에는 관심이 없고, 한다 해도 신통치 않다. 멤버들이 뭔가 한 가지에 열의를 갖고 달려들기 때문에 콘텐츠가 재미있어지고 예상치 못한 만남으로 이어지는 것이다.

멤버들의 캐릭터는 취급하는 물건의 성격뿐 아니라 일에 대한 자세나 일을 처리하는 방식에서도 드러난다. 출신부터 미래에 대한 전망까지 제각각이지만, 그렇기 때문에 도쿄R부동산이 활기차고 변화무쌍한 조직으로 계속 존재할 수 있다. 우리는 캐릭터가 살아있는 사람을 멋지다고 평가하며 그 문화 속에서 각자 자신의 캐릭터를 갈고닦는 중이다.

폭탄머리와 양복

여기서부터는 도쿄R부동산의 멤버를 소개하려 한다. 먼저 무로타 게스케(室田啓介). 그는 아프로 펌,

일명 폭탄머리를 하고 있다. 어설프게 흉내 낸 아프로가 아니라 백 미터 밖에서도 알아볼 만큼 강렬하다. 타고난 곱슬머리도 아니다. 자신의 스타일을 만들기 위해 매번 다섯 시간 정도를 투자하는데, 아무리 바쁘더라도 꿋꿋하게 고집한다.

원래 의류업체에서 일했던 그는 남성 패션지인 《뽀빠이》(Popeye)의 '내 방 개조 콘테스트'에서 그랑프리를 수상하며 잡지 표지를 장식한 이력이 있다. 언젠가 그의 면허증 사진을 본 적이 있는데, 만약 입사 전에 봤더라면 결코 이 자리에 있을 수 없을 것이다. 사진 속의 그는 드레드 헤어에 험상궂게 인상을 쓰고 있었다. 길 가다 봤다면 마주치지 않도록 멀리 돌아갔을 것이다. 그럼에도 입사 면접 때는 본 모습을 숨긴 채 성실한 분위기와 헤어스타일을 하고 왔었다. 하지만 들어오자마자 커밍아웃을 했다.

"사실, 저는 뜨거운 아프로입니다."

그는 매력적인 인재다. 공간에 대한 뛰어난 감각을 갖추었을 뿐 아니라 일을 정리하고 목표를 향해 질주하는 열정도 있었다. 동시에 왠지 모를 불균형이 느껴지는 것도 사실이었다. 바로 그 점이 그의 매력이었다. 그래서 우리는 조건을 내걸었다.

폭탄머리와 양복이 트레이드마크인 무로타 게스케

"오케이! 너의 영혼이 아프로라면 그래야 되겠지. 하지만 옷은 양복을 입어."

아프로 펌을 용인하는 대신, 반드시 양복을 입기로 약속을 했다. 그리하여 무로타는 '양복에 폭탄머리를 한 부동산 업자'라는 세상 드문 스타일을 하게 된 것이다. 평범함을 거부하고 자유에 대해 갈구하는 것은 양복을 입고 빈틈없이 일에 몰두하는 책임감과 적지 않은 괴리감이 있음에도 비주얼은 기적적으로 결실을 맺었다. 아프로 펌에 양복이라니, 아무리 생각해도 절묘한 거래였다.

일을 시작하자 그는 대단한 능력을 보여주었다. 지금은 멤버들 중에서 가장 높은 매출을 올리며 리더급의 중요 인물로 성장했다. 자신의 자유와 감각을 사수하면서도 잠자던 재능과 능력을 확실히 펼쳐내는 그는 우리의 이상형일지도 모른다.

아트, 댄스,
그리고 부동산

마쓰오 쇼지(松尾尚司)는 유명한 현대 무용단의

댄서였다. 그와의 첫 만남을 선명하게 기억한다. 도쿄R부동산의 첫 번째 책인 《도쿄R부동산》의 출판기념 토크쇼였다. 한바탕 토크가 끝난 뒤, 훤칠하고도 아름다운 남성이 슬쩍 앞으로 와 난데없이 이런 말을 했다.

"일을 하고 싶은데요."

도쿄R부동산에 합류하려는 사람들은 보통 웹사이트의 '구인 문의'를 참조해 이력서를 첨부한 메일을 정중하게 보내온다. 이는 통과의례라서 다른 경로로는 받지 않는다. 그런데 그는 갑자기 나타났다.

눈빛이 좋아 이렇게 물었다.

"전에는 무슨 일을 했어요?"

"무도⋯⋯."

대화는 이어졌다.

"무도? 무술요? 격투기 같은 건가요?"

"아뇨. 그런 쪽이 아니라 춤입니다."

"어떤⋯?"

"현대 무용을 하는 산카이주쿠(山海塾)에 있었습니다."

"사, 산카이주쿠?"

산카이주쿠라면 설명이 필요 없었다.

"어……, 그럼 온몸에 흰 칠을 하고 춤추는, 뭐, 그런 거 했겠네요?"

"네."

"대단하다."

첫 만남은 그랬다. 산카이주쿠는 아는 사람은 다 아는, 일본이 낳은 최고의 현대 무용 퍼포밍 아트 그룹이다. 세계적으로 유명해서 우리도 영상으로는 여러 번 본 적이 있었다. 나중에 알았지만, 마쓰오는 거기서도 중요한 무용수 중 한 사람이었다. 현대 미술 쪽에서도 그를 아는 사람이 많았다. 우리는 그만큼 한 분야의 최고 자리에 오른 사람이라면 다른 분야에서 전문가로 성장할 의지가 강할 것이란 가설을 나름대로 세우며, 밀어붙이다시피 그를 도쿄R부동산의 멤버로 영입했다.

그런데 문제는 그다음에 나타났다. 메일 보내기, 타이핑하기 같이 상상도 못한 부분부터 그를 가르쳐야 했다. PC 사용 경험이 없었고, 엑셀을 보고는 기계 안에 모눈종이가 들었다고 생각했으며, 계약서가 왜 필요한지를 이해하는 데만도 수개월이 걸렸다. 그랬던 그가 일반인에게는 세놓기 어려운 독특한 물건을 임대 물건으로 발굴하였다. CET 지역의 빈 창고 등이 갤러리나 아틀리에 공간으로, 그리고 이 지역을 일본에서도

산카이주쿠의 현대 무용수였던 마쓰오 쇼지

손꼽히는 아트, 디자인 집적지로 바꾸어 놓았다. 그가
아티스트였기 때문에 가능한 일이었다.

그는 예술 분야에 종사하는 사람들이 무엇을 중요하게
여기는지, 어떤 공간을 좋아하는지를 알았고 그들의
감성을 이해했다. 그가 한 일은 단순히 부동산 중개를
한 것이 아니라 새로운 유형의 문화를 특정 지역에
정착시켰다는 의미에서 지역을 '프로듀스' 한 것이다.
소규모 주택 중개 따위는 처다보지 않고 오로지 한 길만
파고들더니, 결국에는 도쿄R부동산의 대표 콘텐츠를
만들어내었다. 아쉬움이 남는다면, 세상 물정을 몰라
실수가 잦은 탓에 그 성공을 무조건 좋아할 수만은
없다는 점이랄까…….

마음은 느슨하게,
일은 꼼꼼하게

이처럼 도쿄R부동산의 멤버들은 틀에 박힌 의미의
착실함과는 거리가 멀다. 마음 자세나 태도가 지극히
'느슨'하고 사람마다 일하는 방식도 매우 자유롭다.

한편으로는 사람이 살면서 가장 큰돈을 지불해야 하는
항목이 부동산이라서 우리는 책임감을 크게 느낀다.
부동산 소유주에게 중요한 자산을 부탁받은 입장이니
손해를 끼쳐서는 안된다고 생각한다. 그러다 보니 물건의
상황 확인·정보 수집, 계약을 위한 최종 업무에는 특별히
세심한 주의를 기울여야 한다. 이때만큼은 머릿속이
원리원칙대로 변하는 멤버들의 모습을 볼 수 있다.

　　보통 부동산 계약서에는 '중요사항 설명'이라는
항목이 있는데, 도쿄R부동산은 이 부분이 무척 길다. 장
수도 많아서 설명 시간이 다른 부동산보다 몇 배나 더
든다. 그래서 우리가 만든 계약서를 다른 중개업자들은
귀찮게 여긴다. 고객들은 더한데, 특히 '크리에이터'라
불리는 이들은 세밀한 조항을 소홀히 여기고 설명에
잘 귀 기울이지 않는다. 그럴 때는 몇 번이고 주의를
환기시킨다.

　　"고객님, 여기 중요합니다. 듣고 계시죠?"

　　도쿄R부동산은 임차인이나 매입자가 수리나 개조를
하는 경우도 많아서, 거래를 이끌어가는 우리가 다양한
상황을 예상하고 신중을 기해야 문제가 생기지 않는다.
처음에 경험이 없던 우리는 노련한 선배들에게 가르침을
구걸하며 고생도 적지 않았다.

그러고 보면 도쿄R부동산에 필요한 사람은 '성실한 괴짜'다. 성실함과 괴짜 성향이 균형을 이루는 데에는 규칙이나 벌칙이 그다지 중요치 않다. 그보다 '올바른 채용'을 하고 그다음 '제대로 된 문화'를 함께 만들어야 한다. 구체적인 방법에 대해서는 뒤에서 다시 이어가기로 한다.

사선 출세와 지그재그 출세

도쿄R부동산에서 일하는 멤버들은 다른 업계에서 이직해 온 경우가 많다. 동종 업계 사람들은 상식을 너무 많이 알아서 오히려 일하기 어렵기 때문이다. 아프로 펌을 한 사람이나 서른 살이 넘도록 키보드를 만져본 적이 없다는 인간이 언뜻 보기에는 상식 밖의 인물일 수 있지만, 도쿄R부동산에는 딱 들어맞는 인재였다.

언젠가 한 친구 녀석이 "난 수직 출세도 수평 출세도 아닌 사선 출세를 할 거야."라고 말한 적이 있다. 사선 출세라? '수직 출세'는 기존에 보던 출세 스타일이다. 과장,

부장, 회사 임원을 거쳐 사장을 목표로 하는 것으로,
지금까지 조직에서 살아남는 유일무이한 방식이었다.
거기서 벗어났을 때 기업에서는 종종 '라인을 벗어났다'는
표현을 쓴다. 악마 같은 말이다.

보통 라인에서 한 번 벗어나면 재기가 불가능해진다.
그 광경을 수년간의 짧은 직장 생활에서 몇 번이고
목격했다. 정말이지, 끔찍했다. 차기 부장감으로 주목받던
한 선배는 어느 날 갑자기 임원실로 불려가더니 지방
파견 통보를 받았다. 충격을 받은 그 순간부터 당사자는
망가지기 시작했다.

"저 사람 지방 파견이래."

"라인에서 밀려났대."

주위 사람들은 수군거렸고 선배를 대하는 눈빛이
차갑게 변했다. 지금껏 순종적이었던 부하들의 태도도
미묘하게 변했다. 기업의 논리는 때로 폭력적이다.

'수평 출세'란 회사를 그만두고 다양한 분야에 손을
뻗친 다음, 사회적으로 넓어진 표면적을 이용해 살아가는
방식을 말한다. 책을 써서 이름이 나거나 언론에 노출되어
유명해지는 등 수평적으로 활동을 확장시키며 사는
방법이다. 이 경우 정확히 말해 출세라는 단어는 적절치
않다. 커리어의 '수평 전개'라고 해야 옳을 것이다.

다채로운 일을 경험해 좋지만, 수입이 는다는 느낌이 없고 실제로도 잘 늘지 않는다. 일을 확장시키는 과정에서 피로도만 높아질 뿐이다. 그래서 그 친구는 수직과 수평의 중간인 '사선 출세'라는 길도 있으리라는 주장을 폈다. 조직 안에서 지위가 오르는 출세 길을 제대로 밟으면서, 동시에 사적으로 책을 쓰거나 특기를 갈고닦아 사회적인 출세도 이루는 수평 전개의 축도 세우겠다는 말이었다. 즉 수직과 수평 양쪽의 벡터를 곱한 것이 사선 출세라는 것.

도쿄R부동산에서 가능한 것은 '지그재그 출세'가 아닐까? 이를테면 올해는 수평, 내년에는 수직을 스스로 정하고 이루는 것이다. 매출이 최고 수준인 한 고액 연봉자는 올해 수평 전개에 도전 중이다. "지금처럼 수직형으로 가다가는 마음보다 몸이 지칠 것 같다."라는 말을 하더니 작년 중반부터 행동으로 옮겼다. 그녀는 촬영 장소 검색 서비스 사업을 시작하였다. 지금까지 일을 하면서 수많은 카메라맨, 스타일리스트, 광고 제작자와 연을 맺었고, 스튜디오에 적합한 물건을 확보하고 중개를 하면서 촬영소가 갖추어야 할 조건을 알게 되었다. 그 시점에서 창업의 기회를 찾은 것이다. 또 일을 시작하면서 사실상 모두에게 선언했다.

"앞으로 1년은 수평으로 가겠습니다."

일이 잘되면 그녀의 좌표는 180도 달라질 것이다. 이런 형태를 우리는 '지그재그 출세'라 부르기로 했다. 장차 우리 조직 전체에서 활성화될 것으로 기대한다.

조직과 개인의
장점만 취한다

어차피 회사를 그만둘 바에 개인으로 움직이는 게 낫다. 그래야 자유롭고 수입도 늘어날 가능성이 있다. 하지만 개인이 하는 일은 사회적인 영향력이 작은 경우가 많다. 세상에는 팀이나 네트워크를 어느 정도 조직하지 않고는 할 수 없는 일이 의외로 많다. 그렇다고 해서 불쑥 직원을 고용해 회사를 만들기는 위험 부담이 크다.

우리는 단순히 규모 있는 사업을 하고 싶지는 않았다. 지금까지 남들이 하지 않은 일에 새롭게 도전해 변화를 일으키고 싶다는 목표가 있었다. 그래서 발상이나 감성이 창의적인 사람들로 팀을 만들어야 했다. 그런 사람들은 기본적으로 자유와 독립을 추구하기 때문에 우리에게

적절한 조직은 지금의 도쿄R부동산처럼 신축성 있는
제휴형 조직이었다. 각자 개인 자격으로 일하면서 팀의
일원이 되며, 경우에 따라 직원이 될 수도 있고 외부
일을 할 수도 있다. 새로운 일을 할 때는 일정 기간 동안
유지되는 프로젝트 팀을 만든다. 일이 끝나면 팀을
해체하고 사업으로 확장되면 팀을 더 키운다. 거리를
두면서 가끔씩 관여할 수도 있다. 그런데도 조직 전체는
분산되지 않고 제대로 통합된 하나로 유지된다.

　　매니지먼트를 담당하는 바바, 하야시, 요시자토는
큰 조직의 일원이었던 적도 있고 프리랜서였던 적도
있다. 젊은 시절에 큰 조직의 장점과 함께 조직의 구속과
폐해를 경험했다. 또 독립해서 프리랜서로 활동하면서
자유와 재미를 맛보았지만 개인의 취약성, 미약한 사업
전개력도 절감했다. 조직과 개인은 장점과 단점이 모두
있으니, 도쿄R부동산이라는 팀은 그 둘을 조화시킨
조직을 만들기로 했다. 그것이 프리 에이전트 스타일이다.
개인과 조직, 어느 한쪽을 긍정하지도 부정하지도 않으며
적정한 균형을 추구한다. 다만 프리 에이전트 스타일의
팀이 완벽하다고는 할 수 없으며, 문제 역시 내포하고
있다. 다음 장에서 자세한 이야기를 계속하기로 한다.

워크스타일
3.0

프리 에이전트는 서장에서 소개한 대로 미국의 작가
다니엘 핑크가 제안한 개념이다. 개인은 조직에 속하지
않은 채 스스로 팀을 구성하여 프로젝트 단위로 계약을
맺고, 하고 싶은 일을 실현하기 위한 업무 방식이다. 서로
다른 개인으로서 특정한 목표에 따라 단결하며, 뜨거운
열정으로 앞만 보고 달리는 프로야구, 프로축구 선수와
닮은 점이 많다. 회사라는 조직보다 승리라는 목표를 가진
팀에 속해 일하고, 수입은 개인의 성적에 따라 정해진다.
따라서 팀의 우승과 개인의 자아실현, 이 두 가지가
균형을 이룰 때 행복을 느낄 수 있다. 그리고 다니엘
핑크의 베스트셀러 《드라이브》*에서는 다음 세대의
'일하는 동기'를 주목하고 있다. 생존 목적의 모티베이션
1.0, 당근과 채찍의 모티베이션 2.0을 넘어, 21세기에는
내면에서 우러나오는 의욕과 자발적인 동기 부여가

---

*　원제는 《Drive: The Surprising Truth About What Motivates Us》(2009)로
지금까지 23개 이상의 언어로 번역 출간되었으며, 한국어판은 2011년 출간되
었다. - 편집자 주

중요하다고 말한다.

도쿄R부동산은 프리 에이전트 스타일이 기본이지만, 각자 다른 일터가 있는 프리랜서 팀이 프로젝트를 수행한 뒤 뿔뿔이 흩어지지는 않는다. 개인의 자유와 책임에서는 프리랜서와 비슷하지만, 현실적으로는 공간과 마인드, 규칙과 목표를 공유하는 일반 회사와 유사하다. 동시에 핵심 업무를 함께 유지하며, 가끔 그 업무에서 벗어나 새로운 프로젝트를 만들기도 한다. 기분과 감각은 프리랜서도 직장인도 아닌, 그야말로 그 중간 지점에 있다 할 것이다. 이런 형태야말로 '워크스타일 3.0'이라 할 수 있지 않을까?

'워크스타일 1.0'은 회사가 개인의 종신고용을 보장하고 개인은 그 안에서 행복하게 일하는 방식이었다. 그러나 평생직장이라는 개념이 무너진 뒤 개인은 회사에 예속되는 일없이 부업을 한다든지, 자기 역량을 키워 슈퍼 샐러리맨이 되고 더 나은 회사로 이직하여 커리어를 높여갔다. 이런 방식이 '워크스타일 2.0'이다. 이 같은 워크스타일은 모두 개인이 회사의 일원으로 일한다는 점에서 차이가 없다. 다른 길은 독립(프리랜서)이나 창업이라는 선택지밖에 없는데, 개인이 일을 하는 방식은 그대로여서 유감스럽게도 규모의 장점을 누릴 수가 없다.

개인은 어디까지나 개인일 뿐이며 할 수 있는 일에도 한계가 있다.

'워크스타일 3.0'은 일하는 방식에서 대안이 될 것이다. 회사에 고용된다는 기성관념에서 벗어나 회사와 독립의 중간쯤에 있으며, 프로젝트를 중심으로 개인들이 모여 팀을 만들고 성과를 내는 방식, 즉 '프리 에이전트 스타일'이다. 미래 시대에는 자신이 정말 하고 싶은 일을 하면서 일하는 본질적인 기쁨을 얻을 수 있는 '워크스타일 3.0'이 요구될 것이다.

누구나 고민하는 '독립을 할지, 이직을 할지', '급여를 택할지, 보람을 택할지'를 두고 고민한다. 그러나 우리가 이상적이라 여기는 방식은 양쪽 모두를 실현하는 것이다. 리스크가 높은 독립도 아니고 조직에 속박되지도 않으며, 그렇다고 해서 수입과 재미를 포기하지도 않는 법이다. 또한 조직은 아무래도 개인을 소홀히 할 수밖에 없는 측면이 있다. 하지만 우리는 다양한 개성의 집합체가 되는 조직을 진지하게 고민하고 있다. 각자 개성을 서로 존중하는 것이 강점이 되는 팀을 어떻게 만들 수 있을지, 이상론이 아니라 현실적인 방법을 실현하면서 계속 시행착오를 겪는 중이다. 어디까지나 개인들이 편안하고 자유롭게 일하기 위해 우리 방식은 존재할 것이다.

모든 것을 자기 의지대로

무로타 게스케(도쿄R부동산 스태프)

    내 나이 스물한 살, 존경하는 구두 디자이너 밑에서 일하기로 마음먹고 그를 만나기 위해 길에서 몇 시간이나 기다렸다. 어렵사리 만나자마자 초면임에도 일을 시켜 달라고 졸랐고 그 자리에서 허락을 받았다. 인생의 첫 구직 활동은 게릴라 전술의 승리였다. 그렇게 시작된 첫 직장은 스물세 살 때 과로로 쓰러져 일 년간 병석에 누워 쉬는 것으로 작별을 고했다. 그 후 기분전환 삼아 별생각 없이 미국으로 거처를 옮겼고, 반 년 동안 마음껏 놀고 돌아와 도쿄R부동산의 스태프가 되었다. 그리고 약 6년이 흘렀다.

    나는 그때부터 일에 관해 일관된 생각을 해 왔다.

"무거운 책임감, 결과의 기대치, 압박감은 환영한다. 반드시 기대 이상의 성과를 지속적으로 내는 대신, 판단이나 일하는 방식만큼은 나를 믿고 내게 재량권을 줬으면 좋겠다. 그리고 결과를 공정하게 평가해 줬으면 좋겠다."라는 것이다. 도쿄R부동산의 보수체계를 보고 누군가는 도박에 가깝다고 할 수도 있다. 상식적인 사람은 월급이 한 푼도 나오지 않을 수 있다는 사실을 이해하지 못할 것이다. 하지만 여기는 자유가 보장되어 있고, 시간과 보수를 모두 자기 의지대로 제어할 수가 있다.

한 친구는 내게 "나는 겁이 많아서 너처럼 리스크가 큰 방식으로는 도저히 일 못해."라고 말한 적이 있다. 그런데 그의 말은 틀렸다. 나 또한 겁이 아주 많은 사람이니까. 그런 내 눈에는 안정적인 회사에 기대서 일하는 편이 오히려 리스크는 크게 느껴진다. 회사에 고용되어 매달 정해진 월급을 받고 지시받은 일을 제대로 해내는 것이 얼마나 중요한지, 부정할 생각은 전혀 없다. 누군가에게는 무척 소중하고 의미 있는 일이다. 그런데 컴퓨터가 사람의 일을 대신하고, 전문적인 기술이 필요한 의료 행위조차도 값싼 노동력을 찾아 해외로 아웃소싱하는 시대에 직장인의 급여, 보험, 복리후생이란 '안심'이……. 도저히 나는 안심이 되지 않는다.

가게를 차려서 내가 골라온 상품을 늘어놓고 판다고 하자. 그 상품이 마음에 들어 사는 사람이 있으면 수입이 생기지만, 아무도 좋아하지 않으면 수입은 없다. 이것이 장사의 기본 원칙이다. 이 원칙이 보여주는 단순함, 결과에 대한 평가(보수)의 공정함은 고객에게 좀 더 사랑받기 위한 노력, 즉 동기 부여로 직결된다. 결국 '힘이 없으면 생존할 수 없는 생물의 기본 원리에 따라 산다'는 도쿄R부동산의 감각은 너무나 설득력이 있고, 나는 그에 기분 좋게 동의한다(하기야 일을 하지 않으면 수입이 없는 순환 고리에서 벗어나는 것이 현재 나의 목표이기는 하다).

세상모르고 늘어져 자는 우리 집고양이들, 먹이를 주는 나 하나만 의지하는 세 녀석을 바라보며 '힘 빠지면 안 된다'고 매일 새로운 각오를 다진다.

춤과 부동산은 모두 창조적인 일

마쓰오 쇼지(도쿄R부동산 스태프)

"도쿄R부동산이라는 희한한 부동산이 책을 냈어."
나는 어느 날 친구에게 걸려온 한 통의 전화를
계기로 변했다. 산카이주쿠에서 무용수로 활동하던
시절, 모질었던 해외 투어 생활에서 신세계를 발견한
느낌이었다. '이거다!' 하는 직감이 왔다.

앞에서 소개한 대로 나는 날강도처럼 멤버 자리를
꿰차기는 했지만, 내가 일반적으로 얘기하는 '보통'
수준도 안 된다는 사실을 간파한 사무실에서는 사무실이
좁다는 이유로 나를 니혼바시에 있는 동료의 건축
사무실로 보냈다. 나는 거의 혼자다시피 방치되었다.

맨땅에 헤딩하듯 부동산 게릴라 전투를 시작했다.

어렴풋하게나마 거리가 눈에 들어오기 시작했을 때
'정말이지, 이 동네에는 재미라고는 하나도 없다'는 것을
깨달았다. 그나마 기대를 걸어볼 만하다 싶던 히가시칸다,
바쿠로초, 히가시니혼바시 일대의 섬유도매상
거리에는 공실률 높고 낡은 빌딩만 남아 있었다. 토박이
부동산에서도 포기해 버린 물건이다 보니 소유주들도
거의 방관하는 지경에 이른 듯 보였다. 그바람에 나도
부동산 중개와 맞지 않는다는 절망감이 들었다.

　　"큰일 났다. 이러다가 굶어 죽겠다."

　　위협을 느낄 무렵 다시 한번 기회가 찾아왔다.
'아무것도 없는 이 거리에는 가능성이 있다!'라고
중얼거리며 끊임없이 자기암시를 걸고 노력한
결과였을까? 드문드문 물건에 대한 문의가 들어오기
시작하였다. 물론 모든 것은 이 지역의 가능성을 누구보다
일찍 간파한 도쿄R부동산 디렉터들의 눈썰미 덕이다.
어쨌든 현장을 붙박이처럼 지키던 내게는 그 일대가
새로 태어나기 위해 몸부림치는 생생한 소리가 들리는
것 같았다. 무용수였을 때부터 지금까지 언제나 '현장이
가장 재미있다'는 것이 나의 지론이다.

　　내가 취급하는 물건은 솔직히 까다로운 문제가 잔뜩
있었고, 고객은 지역에서 사업을 펼치려고 의욕 넘치는

이들이었다. 그들은 부동산 중개에 대한 기대와 요구가 높았고 실수를 용납지 않았다.

"이렇게 하면 안 되지!"

혼난 적이 한두 번이 아니었다. 나는 '내 감각이 어긋난 걸까?'라며 매일 자문했다. 회사에서는 "너, 해고 일보 직전이야."라는 소리를 몇 번이나 하며 기를 죽였다. 심지어 이런 말도 들었다.

"너를 뽑는 게 아니었는데!"

흐흑……. 하지만 내게는 타고난 나의 무던함을 믿으며 상황을 극복하겠다는 각오가 있었다. 무엇보다 편집광처럼 '이렇게 하면 이 거리를 탈바꿈시킬 수 있다'는 자부심이 있었다.

회사와의 업무 위탁 계약을 보면, 급여는 거래가 성사되는 만큼 받기로 돼 있었다. 일탈까지는 아니더라도 자유가 확보되는 대신, 성사된 계약이 없으면 받을 성과금도 없었다. 그렇다면 보통은 이 물건에 어떤 재미가 있을지는 생각하지 않고 밥벌이부터 할 것이다. 내가 처한 상황은 아예 그럴 수가 없었다. 이 지역에서 도쿄R부동산이 성사시킨 계약은 전무했기 때문이다.

몰두 끝에 나는 당시 도쿄R부동산이 새로 오픈한 사이트 '도쿄 오피스 상황'을 보면서 필사항전하기로

결심했다. 그것은 새로운 시장을 창출해야 한다는
의미였다. 반대로 도망치는 길은 쉬웠다. 나는 거의
자포자기의 심정으로 전자를 선택했다. 꼭 그래야만
하는 이유도 있었다. 나 같은 편집광의 모가지를
아슬아슬하게나마 붙여 놓는 마음씨 좋은 R부동산의
괴짜들에게 조금이라도 보답해야 한다는 의무감이
생겼던 것이다.

　지역의 부동산 업자들과 갈등을 빚다가 "어디서
굴러먹다 온 녀석이냐?"라는 소리까지 들었다. 그래도
버티고 앉아 이 거리의 미묘한 상황을 보자니 마치
인생의 축소판 같았다. 좋은 점보다는 나쁜 점이 많았다.
하지만 나는 기억 구조가 좋은 사람! 대체로 좋은 점만
기억에 남긴다. 새 가게, 새 사무실의 개업식 같은 장면들.
사람들이 얼마나 기뻐하는가? 그날의 기쁨이 최고인 것은
거기 모인 이들의 행복감이 어떤 금액으로도 환산할 수
없기 때문이다. 무용수일 때 커튼콜로 받았던 박수갈채
같은 황홀감이 있다.

　그런 느낌이 모여 지금의 도쿄 동부지역 분위기를
지탱하며, 보다 많은 이들이 이곳을 찾게 한다. 여전히
새로운 가게들이 문을 열고 언론의 관심도 무척 뜨겁다.
주변 사람들은 반쯤 어이없어하며 "어쩜, 이런 계통으로

직업을 바꿨냐?"라고 하지만, 나는 직업을 바꿨다는 느낌이 없다. 창조라는 행위를 보면 아무것도 달라지지 않았다. 무용수 시절에는 무형의 것을 창조했으며, 지금은 유형의 것을 다루며 거리의 기능을 만드는 창조를 한다.

거리의 뼈대에 신경이 흐르고 피가 통하며 근육이 움직이기 시작했다. 이윽고 의식이 생기고 성장해 가다 보면 다음 세대로 계승되는 순간도 올 것이다. 그리고 고통이 반복되는 작업, 나의 약점을 메우는 작업 끝에는 아주 잠깐이지만 지극히 행복한 순간이 찾아온다. 아마도 나만이 느낄 수 있는, 그 빛나는 순간을 얻기 위해 일상의 평범함을 갈고닦는 것이리라. 언제 올지 모르는 '빛나는 순간'을 위해 오늘도 다음 사냥감을 찾아 자전거로 이 거리를 누빈다. 'Stay Hungry, Stay Foolish.'를 안 것은 나중이었다.

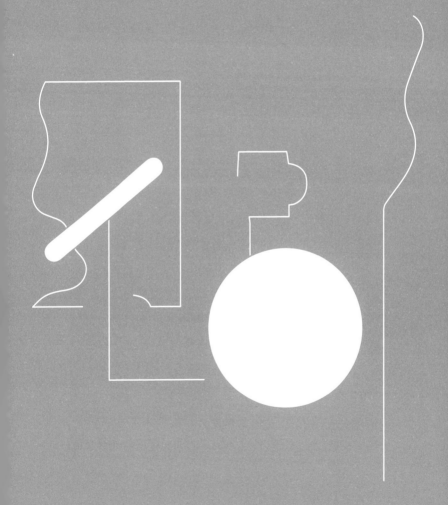

III

장점만 취하는 조직론

목표는
토털 풋볼

프리 에이전트 스타일에 관해서는 프로야구의
'자유계약 선수' 제도를 예로 설명했다. 다만 쉽게
이해되는 개념이 아니라 다시 한번 설명하려 한다.
　우리는 2010년 FIFA 월드컵에서 극적인 우승을
차지한 스페인 대표팀의 '토털 풋볼'을 이상으로
삼고 있다. 토털 풋볼은 이른바 전원 공격, 전원 수비
스타일이다. 최근의 축구 전술이 날로 진화하지만, 우리는
선수 한 사람, 한 사람이 자유롭고 틀에 얽매이지 않는
스타일을 선호한다. 스스로 공간을 만들고, 스스로
공간을 파고들어야 한다. 이때 순간적인 판단이 중요하며,
어디까지나 팀 자체가 마치 하나의 생물처럼 유동적으로

포메이션을 바꿀 줄 알아야 한다. 그라운드 밖에서 감독이 목이 터져라 지시를 해대고, 원톱을 중심으로 항상 그 주위에서만 공격이 이루어지는 조직은 원치 않는다.

토털 풋볼을 제대로 구현하려면, 선수 각자에게 끝없이 뛸 수 있는 풍부한 체력, 탁월한 기술, 전체를 볼 줄 아는 넓은 시야가 필요하다. 그런데 이 토털 풋볼을 이상대로 실현한 팀은 거의 없다. 자유롭게 움직이면서 경기에 이기기는 어려운 것이다. 때문에 그런 팀이 나타나면 사람들은 열광한다. 여기에 더해 우리는 경기를 뛰는 선수가 누구보다 즐거웠으면 좋겠다. 선수들의 즐거움이 관객에게도 전해져, 경기장에 와있는 서포터 전원이 즐거워지는 경기를 펼치고 싶다. 승리가 중요하지만 그저 골대만 노리는 축구는 원치 않는 것이다. 관객과의 일체감을 중시하는 팀으로서 축구의 즐거움을 서로 공유하며, 그 기세를 무기로 결국 이기는 팀이길 원한다.

토털 풋볼처럼 자유로운 팀 시스템을 이루려면 그에 상응하는 노력과 고민, 그리고 전략들이 따라야 한다. 계속해서 그것들을 소개하기로 한다.

프리 에이전트의
보수체계

　프리 에이전트의 보수체계는 이렇게 설명할 수 있다. 먼저 도쿄R부동산의 업무를 살펴보면, 빈 물건을 찾아 소개하는 영업, 기사 제작 및 매니지먼트 업무 등으로 크게 나눌 수 있다. 주요 업무는 '영업'이고, 영업 담당은 바이어(물건 감정), 라이터(칼럼 작성), 딜 메이커(안내 및 계약) 등의 역할을 모두 수행한다. 영업 담당에게는 기본적으로 '성과배분제'를 적용한다. 지급되는 수수료는 임대료나 매매가에 따라 다른데, 작은 물건의 요율이 높다. 특히 1인 가구를 위한 임대료 10만 엔 미만의 물건은 우리 사이트에 활기를 불어 넣기 때문에, 또 고객에게 더 가까이 다가가기 위해 많이 게재하려고 한다.

　두 사람이 연계해서 물건을 중개했을 경우는 정확한 기여도에 따라 보수를 나눈다. 물건 발견, 취재 및 게재, 방문과 안내, 조정 및 협상, 계약 등 단계마다 상응하는 비율도 정해져 있다. 단계별로 각자의 기여도가 공정하게 평가받는다고 납득하면, 연계 작업은 자연스럽게 진행된다. 다른 일정이 바빠 안내가 어려울 때 다른 사람에게 편하게 부탁하면 된다. 이러한 체계라면 '돈을 목적으로 일하는 사람이 늘어 골치 아프진 않을까', '우리 콘셉트가 흔들리거나 고객 중심이라는 철학이 흐트러지지 않을까'라고 우려할 수도 있다. 당연히 주의가 필요하고 우리도 꾸준히 유의하고 있다. 그래도 아직까지는 문제없이 돌아가고 있다.

여기에는 몇 가지 이유가 있다. 우선 도쿄R부동산은 고객이 원하는 물건을 소개해야 비로소 존재할 수 있다. 우리 사이트를 찾는 고객은 가치관이나 감성, 연령까지 우리와 비슷해서, 멤버들이 공감하고 스스로 '살고 싶다' 여기는 물건이 아니면 계약 자체가 성사되지 않는다. 우리 멤버들도 애초에 배금주의와 거리가 먼 사람들이라, 자기 마음에 드는 물건을 발견해서 좋은 사람들에게 소개하는 일 자체에 보람을 느낀다. 애초에 경제적 압박감 없이 개성만 좇다가 편집광적 경향이 지나친 사이트가 되면 역시 존재 이유를 잃고 사업을 접어야 할 수도 있다. 때문에 균형을 유지하는 것이 중요하다.

비싼 물건은 계약까지 쉽게 결정 나지도 않고, 도쿄R부동산의 고객은 억지로 권유한다 해도 속아넘어갈 어수룩한 이들이 아니다. '알만큼 알고 있는' 사람들이기에 우리는 끝까지 정확한 정보를 전달해야 한다. 결국, 우리가 고객의 요구에 부응하려면 무엇보다 매력적인 물건을 많이 찾아내는 것이 중요하다. 그러기 위해 필사적으로 돌아다닐 수 있는 건전한 압박감이 필요하다. 할당량을 주고 독촉하며 관리하는 방식에 소질이 없는 우리에게 필연적으로 탄생한 시스템이라 해도 좋을 것이다.

여러 번 언급했지만, 기본적으로 계약이 성사되지 않으면 보수는 한 푼도 없다. 이 점이 가혹함은 사실이다. 그렇다면 프리랜서와 무엇이 다르냐고 반문할 것이다. 어떤 점에서는 맞는 말이다. 일을 하지 않으면 보수가 없으니까. 그런데 일을 제대로 하기만 하면 수입이 없는 경우는 없다. 직장인도 마찬가지다. 급여를 받으면서 아무 일도 하지 않고 매일 낮잠만 자는 직장인은 있을 수 없다. 정리하면 우리에게는 급여의 '편차'가 있을 뿐이다.

'안정 최우선'인 사람에게는 피하고 싶은 직장이겠지만, 지금 멤버들은 생각보다 이 시스템을 바꾸고 싶어 하지 않는다. '고정급여제'를 하자는 제안도 몇 번 나왔지만, 다들 원치 않았다. 대략 이런 이유 때문이었다.

"쉬고 싶을 때 당당하고 편하게 쉴 수 있어야지."

"고정급여로 바뀌면, 전 월급도둑이 될 겁니다."

하지만 최근에는 새로운 제도를 도입하였다. 멤버 중에도 안정적인 상황에서 능력 발휘를 더 잘 하는 사람이 있다는 사실을 알았기 때문이다. 그런 사람은 기본적으로 팀에 성실하게 기여한 뒤 대가를 받고 싶어 한다. 그들이 안심하고 일할 수 있는 환경도 중요하므로 '프리 에이전트' 이외의 제도도 조금씩 만들어가고 있다.

겸손은
죄가 된다

도쿄R부동산의 영업팀은 주 1회 정례 회의를 연다. 이때만은 사무실에 반드시 나와야 한다. 월초에 열리는 정례 회의 때는 '지분 결정'이라는 것을 한다. 계약이 성사된 물건을 두고 하나하나 누가 담당했는지, 정보원은 무엇이었는지, 여러 명이 공동 작업한 경우에 각자의 기여도 등을 확인하는 시간이다. 물건 찾기, 고객 안내, 협상 조정, 계약하기 등 단계마다 정해진 보수를 어떻게 배분할지를 이 회의에서 결정하는 것이다. 대체로 한 사람이 물건 하나를 전부 소화하기 때문에 보통은 누가

담당했는지, 그리고 물건 소유주 등으로부터 사이트에
게재 의뢰가 있었는지를 확인하면 끝난다. 역할 분담이
명확히 드러나지 않는 경우가 있어서 논의를 거치는
것이다.

　우리는 기본적으로 사람들이 좋아서 자신이 얼마나
기여했는지를 부풀려 주장하는 사람이 우선 없다.
오히려 서로 겸손한 경우가 많다.

　"내 기여도는 50퍼센트 이하야."

　"아냐, 나도 반 이상 기여했단 느낌은 없어."

　이렇게 되면 얘기는 반대로 골치 아파진다. 그래서
기여도를 정할 때는 '공정성'이라는 기본 원칙에 따른다.
과장이 잘못이듯 '겸손도 죄'가 되니, 어디가 '공정한
선'인지를 찾을 필요가 있다. 서로 사양하다가 '공정하지
못한 전례'를 남기면 나중을 위해서도 좋지 않다.
공정선은 애초에 하나일 테니, 그 선을 찾기 위한 논의를
거치면 '공정'이라는 원칙이 우리 안에 뿌리내린다.

　또 하나, '공통 수수료'라는 것이 있다. 개인의
자유로운 활동만으로 해결할 수 없는 회색 지대가
존재하기 때문이다. 개별 물건을 중개하는 업무가 아니라,
모두가 혜택을 보기에 특정한 상대와 비율을 나누기
어려운 업무에 대한 보수이다. 예를 들어 정례 회의 주재,

업무방식 정비, 사이트 개선방안 제안, IT 도움 제공, 식물 돌보기, 회식에서 총무 역할, 그리고 리더십을 발휘해 팀에 활력을 불어넣는 역할도 평가해 소정의 보수를 지급한다.

이 항목은 처음에는 없다가 멤버들의 제안으로 만든 것이다. 모든 멤버의 매출을 더한 매출 총계에서 일정 비율만큼 6개월마다 지급하는데, 비율을 정하는 자리는 별도로 마련된다. 이 자리에서 멤버들은 자신이 팀에 얼마나 기여했는지 직접 발표한다.

"나는 이런 일을 이만큼 했어."

"아니야, 더 했지."

"아냐. 아니, 안 했어."

모두가 모인 자리에서 격의 없는 대화가 오간다. 흥미롭게도 자기 자신의 평가보다 주위의 평가가 후한 경우가 대부분이다. 이때도 겸손이 지나치면 비난을 산다. 최종적으로 평가를 내리는 관리자 입장에서는 그 사람의 성격(사양을 잘 하는 타입, 자기주장이 강한 타입 등)이나 다른 멤버들의 평가를 감안해서 결정을 내린다.

이렇게 우리는 공정성을 중요한 축으로 삼고 있다. 조직이 공정하다는 생각이 들면 불만이 생기지 않는다. 이 점은 멤버와 멤버의 관계, 회사와 개인의 관계, 나아가 고객과 시장에 대해서도 동일한 태도로 일관한다. 모름지기 조직이란 펼치는 사업과 일관성이 있어야 잘 굴러가는 법이니, 결국 공정성은 모든 것에 적용되는 원칙이다. 고객을 속이고 물건의 장점과 단점을 공정하게 전달하지 않으면 신용을 잃는 것은 한순간이다.

어찌 됐든 괴짜들만 모인 도쿄R부동산에 제약은 거의 없지만, 하나의 조직으로 운영되기 때문에 규칙은 필요하다. 규칙은 그 전제가 '성선설'인지, '성악설'인지에 따라 짜임새가 전혀 달라질 텐데, 우리는 전적으로 성선설에 근거한 규칙을 설계한다. 그래서 진지함을 매우 중하게 여긴다. 이 진지함을 전제로 서로 속내를 나누며 규칙을 만들어간다. 앞서 얘기한 '가위바위보 결정'도 그중 하나다.

규칙을 어떻게 정하는지에 따라 일하는 분위기는 크게 달라진다. 느슨한 규칙과 세밀한 규칙 등이 있을 수 있겠지만, 일단 우리는 규칙의 수가 많지 않다. 핵심만 짚으면 되기 때문에 여느 회사보다 훨씬 적어도 문제없다. 그런데 규칙은 언제든지 '재검토'가 필요하다. 인원수나 조직 문화의 성숙도, 업무의 확대, 시장의 변화 등 상황은 항상 변하기 때문이다. 규칙도 고정불변이 아니라 언제든 바뀔 수 있다. 지금 있는 규칙도 처음부터 있던 것이 아니다. 일반적으로 변경하기 어렵다고 여기는 보수체계도 세밀한 부분이 몇 번씩 바뀌었다. 우리는 그때그때 실태를 파악하고 공정성과 의미를 따져 상황에 맞게 수정하고 있다.

두 마리 토끼
- 재미와 숫자

　　도쿄R부동산은 매해 목표를 세운다. 목표는 전혀 다른 두 가지 축으로 설정되는데, 그중 하나는 '재미'다. 목표란 모름지기 자신이 하는 일에서 '무엇을 중시하는지'가 드러나야 하는 법. 우리 경우는 전달하는 정보의 재미가 무엇보다 중요하다. 재미있는 정보를 게재함으로써 즐겁고 재미있는 가게(사이트)가 되려 한다. 가령 지난해보다 '흥미진진한 사이트가 되기'가 목표가 되고, 목표를 이루기 위해 '중요한 아이디어 두 가지 실현'을 팀 목표로 설정하기도 한다. 우리는 재미있고 즐거운 사이트(매장)를 목숨처럼 여기기 때문에 '재미'를 절대 소홀히 할 수 없다. '재미'있는 물건이 있어야 '도쿄R부동산'이다.

또 하나의 축은 '숫자'이다. 주로 매출에 관련된 숫자인데 때로는 '게재 물건의 수'로 잡기도 한다. 우리는 목표를 위해 '무조건 팔고 보자'는 생각은 하지 않는다. 하지만 좋은 물건이 매출로 이어진다는 것은 잘 알고 있다. 좋은 물건을 보다 효율적으로 많이 소개하기 위해 목표를 숫자로 설정하고 행동한다. 그래야 결과적으로 사이트 이용자에게 가치를 전할 수가 있다.

다시 말해 이 두 가지는 정성적 목표와 정량적 목표로서, 우리가 지향하는 '미션(사명)'과 '성과'라 할 수 있다. 무엇이 더 중요한지는 가늠할 수 없다. '일이 중요해, 내가 중요해?'라는 질문과 같기 때문이다. 굳이 답하자면 둘 다 중요하다. 결국 숫자가 올라도 재미가 없으면 우리 사이트는 흔들리게 되고, 재미는 있으나 매출이 오르지 않으면 사이트가 지속 가능하지 않게 된다. 또 기본적으로 이 일이 '좋아서' 모인 사람들은 애써 숫자를 의식하지 않으면 매출을 내지 못할 가능성도 있다. 때문에 좋아하는 일을 계속하려면 제대로 돈을 벌어야 한다. 이 두 가지를 같은 선에 놓고 동등한 가치로 인식하는 것이 우리 문화다.

동료에 대한 존경도 마찬가지다. 매출이 좋은 사람은 오로지 매출 하나만으로도 대단하게 평가받는다. 매출이

썩 좋지는 않더라도 가끔 대단한 물건을 과감하게
발굴해오는 멤버나 재미있는 소개 기사를 쓰는 사람도
마찬가지로 존경받는다. 존경하는 정도는 다 비슷하다.
그렇게 다양한 측면에서 서로를 존경하는 조직 문화를
지향한다. 이 사람은 이래서 대단하고, 저 사람은 저래서
대단하다는 식으로 각자 하나씩 존경받는 구석이 있다.

"니혼바시는 나한테 맡겨 줘."

"고엔지(高円寺)는 내가 맡을게."

담당 지역을 훤히 꿰뚫는 사람이 있는가 하면, 매매
물건, 창고 물건 등 건물 유형별로 전문성을 발휘하는
이도 있다. 또 계약 성사율이 높거나 재미있는 정보를
물어오는 강점이 있는 사람도 있다. 강점이 드러나는
사람은 왠지 더 자신감 있게 일하는 것처럼 보인다.

우리는 팀 가치와 개인 가치가 차지하는 비중이
동등하다고 보기 때문에, 목표에도 팀 목표와 개인
목표가 있다. 특히 개인 목표는 업무에 대한 자세나
새로운 일에 도전하겠다는 등 저마다의 사정이 있을
것이므로 각자 스스로 정하도록 한다. 그런 뒤 주위
사람들에게 설명하고 납득시킨다. 개인 매출 목표를
정하기도 하고, '올해는 새로운 지역을 개척한다'는
임무를 스스로 부과하기도 한다. 대부분의 회사가

해마다 목표를 세우기는 하지만 상당수는 매출, 이익, 판매량 같은 숫자가 많다. '사회에 기여한다'를 철학으로 내세우는 회사들이 느닷없이 목표는 매출, 이익으로 표시하는 행태가 우리는 이상하다. 그 말이 결코 거짓말은 아닐 테지만, 불편하지 않다면 거짓말이다.

한편 재미있을 것 같아 해보고는 싶은데 그에 비해 돈이 되지 않을 때는 고민스럽다. 돈으로만 판단할 수 있는 것이 아니라서 고민이 깊을 수밖에 없다. 이런 고민은 목표가 명확하지 않아서 생기는 것이 아니다. 본질적인 고민이라서 오히려 답을 바로 내리지 않는 편이 낫다. 이럴 때 내리는 판단은 우리의 미래를 좌우하기에 차분하고 깊이 있게 논의한다. 하지만 큰 가능성을 직감하면 오래 생각하지 않고 먼저 뛰어들고 볼 때도 있다. 움직인 후에 생각하는 것이 빠를 때도 많다. 설령 수익으로 직접 이어지지 않는다 해도 점과 점은 언젠가는 이어지는 법이다. 이 또한 우리의 확고한 신념이다.

동기 부여의
원천

프리 에이전트 스타일로 일을 하려면 모티베이션, 즉 일을 지속하는 동기와 의욕이 높게 유지되어야 한다. 우리는 그것을 어떻게 유지할까? 많은 기업에서는 직책이라는 것을 두고 있고, 직원들에게는 보다 높은 직책으로 오르려는 욕구가 동기 부여의 원천이 된다. 직책이 높아지면 주변의 인정을 받고, 의자가 고급 제품으로 바뀌며, 급여가 올라 좋은 집도 살 수 있다. 어떤 기업은 높은 보수를 강력한 동기 부여책으로 내세우는데, 기본적으로 '능력과 성과'를 '명예와 돈'으로 환산해 주는 방법이다.

잘 생각해 보면 사람에게 동기 부여는 여럿일 수 있다. 사냥에 나선 원시인은 그날의 식량을 구한다는 지극히 단순한 동기가 있었을 것이고(물론 힘을 과시하거나 인기를 얻고 싶었을 수도 있다), 반대로 참전 군인은 '국가를 위해서'라는, 어떤 의미에서 매우 고도의 동기가 있다. 우리의 경우, 특히 동기 부여가 되는 요인은 '재미'와 '설득력'이다.

우리의 경우, '재미'는 자신이 좋아하는 것을 찾아 마음에 들어 할 사람에게 전해 즐겁게 하는 것이다. 이는 매우 단순한 이야기다. 당연히 좋아하는 것에는 싫어하는 것보다 훨씬 강력한 동기가 생긴다. 여기서 '재미'에는 팀과 고객 같은 주변의 인적 환경도 포함된다. 일상적으로 호기심을 자극하는 환경에서 활동하는 것이 '재미'가 된다.

'설득력'이 있으려면 공정성과 자유가 있고 합리적이어야 한다. 노력하면 대가가 있고 납득할 때까지 의견을 주고받을 수 있는 공정한 환경이 조성되어야 한다. 이것이 안되면 술집에서 뒷담화가 늘고 일할 의욕을 잃는다. 그리고 할 일을 스스로 찾아서 할 수 있는 자유가 주어지는 이상 '회사가 맡겨주지 않아 못한다'는 변명은 아예 불가능하다. 더 나아가 개인의 역할이 일개 부속품을 넘어서야 한다. 고객에게 가치를 전달하는 모든 단계에서 꾸준하고 일관되게 임하면, 하는 일의 내용이나 평가를 긍정하고 이해할 수 있게 된다. 바로 이러한 구조가 우리의 동기 부여를 지탱해 준다.

동기 부여의 구조를 계속 유지하려면 두말할 필요 없이 매력적이고 올바른 사업 콘셉트가 전제되어야 한다. 세상을 풍요롭게 만드는 테마와 일로써, 가치의 공급자인 우리와 수요자인 고객이 좋은 관계를 맺어야 한다. 그렇지 못하면 우리는 일할 이유가 없다. 또한 지금 내가 하는 일이 미래를 위해 의미 있는 일이라고 사회적으로 인식되는 것도 중요하다. 언뜻 보기에 우리 일을 순간의 호기심으로 하다 말, 쓸데없는 짓으로 치부하는 경우도 있는데 사실은 그렇지 않다. 도쿄R부동산의 일은 기본적으로 제안형 세일즈이다. 이는 대부분의 창업가가 젊은 시절에 경험하는 것이다. 기술과 지혜, 정보의 가치를 타인에게 최적의 형태로 전달하고, 상황을 관리하여 성과로 만드는 일은 비즈니스의 기본이자 본질이다.

부동산은 수많은 업종과 직접적인 관련이 있다. 요식업, 소매업, 서비스업 등. 누구에게나 장소와 공간이 매우 중요하다. 수많은 물건을 다루며 사람들이 원하는 주택, 원하는 업무 공간을 접하다 보면 부동산 감각을 키울 수 있을 뿐 아니라 거액의 득실을 감별해내는 자산 운용력도 얻을 수 있다. 더욱이 도쿄R부동산의 경우는 감성이 뛰어난 크리에이터 커뮤니티를 많이 만날 수 있다는 장점도 있다. 또 개인이라는 생각으로 일을 하다 보면 개인 사업자의 감각도 익힐 수 있다. 스스로 길을 개척하는 힘이 있는 사람에게 결코 나쁘지 않은 곳이다. 지금 대단해 보이는 직업의 대부분이 20년 후에는 필요치

않아 없어지는 일이라 한다. 그 점을 제대로 이해해야
하지 않을까?

조직의
구심력은 '비전'

　도쿄R부동산처럼 각자의 개성을 중시하고 구속을
덜 하는 조직에는 원심력이 생기기 마련이다. 이 현상이
지나치다 보면 조직은 한순간에 산산조각이 날 것이다.
이곳에 평생을 바칠 멤버가 없다는 점까지 감안하면
조직의 구심력을 어떻게 끌어낼지는 매우 중요해진다.
때문에 원심력과 구심력의 균형에 항상 신경을 써야 한다.
그렇다면 순종적인 직원이 많은 회사는 구심력이 강할까?
안정적인 여건이어서 안심하고 오래 일할 수 있는 회사가
이에 해당될 것이다. 안심하고 일할 수 있는 환경은 좋은
것이다. 그런데 안심과 의존은 사뭇 다르다. 그 여건에
의존하는 이들의 집단에 있는 것이 구심력은 아닐 것이다.
안정과 안심이 사라지는 순간, 기반이 흔들리기 때문이다.
　중요한 것은 비전이다. 구성원 모두가 조직의 비전과

테마에 공감하고 긍정적인 자세로 노력할 때 비로소
구심력이 발생한다. 뜻을 같이하는 동료와 언제나 함께
공정한 원칙 속에서 일하는 장을 우선 만들어야 한다.
그렇다고 우리는 비전을 알기 쉽고 간결한 문구로 내세우지
않는다. 아직은 무리하게 한마디로 집약할 필요가 없다고
보기 때문이다. 피라미드형 조직과 도쿄R부동산은 상황이
좀 다르다. 직원이 천 명 정도 되는 회사에서는 싫든 좋든
쉬운 말로 비전을 내세울 필요가 있다. 옛날 어느 총리가
내걸었던 쉬운 공약처럼 말이다. 하지만 우리 같이 작은
조직에서는 그런 문구가 필요 이상으로 우리를 구속할
우려가 있다. 그저 가야 할 곳의 방향만 느슨하게 알려주고,
각자가 오아시스를 발견해 잠시 머물기도 하면서 새로운
이상향을 찾아 달리면 된다. 미지의 세계에 도전하는
개척자의 이야기처럼 들릴지도 모른다.

　　그리고 조직의 기반은 '사회를 위한 일'에 있어야 한다.
일을 통해 더 나은 세상이 되는 계기를 만드는 것이다. 이
생각은 보기보다 강해서 때로는 금전적 이익을 초월한다.
사회적 기업이라고 하면 좀 거창하지만, 사실 우리는
문화적인 측면에서 사회적 기업을 지향하는 집단이라
할 수 있다. 이 관점에서 우리의 테마를 넓게 정의하면
'취향이 있는 공간의 증식'이 된다. 취향이 있는 공간에

대한 정의는 멤버와 사이트 이용자 각자에게 맡긴다.
기능적인 맥락에서 설명할 수도 있고, 시적인 표현을
써서 말할 수도 있을 것이다. 일하는 공간이나 거주하는
장소, 머무는 시간에 관해 더 생각하고, 더 확고한 주관을
가졌으면 좋겠다는 바람이다.

　적어도 우리는 일본의 의식주 문화 가운데 '주'가
가장 홀대받는 느낌이 든다. '주'가 바뀌면 세상은 조금
더 좋아질 것이다. 곧 취향이 있는 공간을 증식시키는
것이다. '증식'시킨다는 것이 꼭 우리 손을 거쳐야 한다는
의미는 아니다. 영향력이 있으면 주위로 파급되고,
누군가가 모방하면서 확산된다. 혼자 하는 일은 한계가
있으니 내버려 두어도 자꾸 퍼지도록 하는 것이 중요하다.

자연스럽게
생겨난 시스템

　도쿄R부동산의 다양한 규칙과 제도는 대부분
자연스럽게 형성되었다. 원래 조직이란 것은 도시나
거리처럼 자연스럽고 필연적으로 생겼을 때 강하다.

수수료 지급에 관한 규칙도 처음에는 누군가를 고용할 처지가 아니다 보니, '이익이 나면 공정하게 배분한다'는 원칙을 지키면서 규칙을 조금씩 손질하여 최적화시킨 것이다. 그 과정에서 다른 규칙이 몇 가지 생겼는데, 역시 여러 번 다듬으면서 가장 적합한 상태를 찾았다. 회의도 마찬가지다. 영업 아이디어 회의, 핫한 물건 회의 등 생각나는 대로 시도해 본다. 그러다가 점차 불참자가 늘어나면 회의의 콘셉트가 '관심을 끌지 못한다'는 반증이므로 중단한다. 그때는 지속되지 않는 이유와 변화를 받아들이면 된다.

그건 그렇고 도쿄R부동산은 작은 조직이지만 다양한 동아리 활동이 있다. 가령 배구부는 화요일 저녁마다 가까운 체육관을 예약해 열정적인 두 시간을 보내고 있으며, 외부 사람도 참가하도록 해 새로운 커뮤니티로 발전하였다. 최근에는 조깅부, 카레부가 자발적으로 만들어졌다. 업무와 관련된 '매매부'도 있다. 부동산 매매를 공부하는 연구 모임이지만 동아리라는 신선한 긴장감이 우리를 즐겁게 한다.

이 활동들은 경영방침으로 나온 것도 아니고 상부의 지시에 의해 만들어진 것도 아니다. 그야말로 필연적으로 발생한 활동이다. 상황을 만들고 콘셉트를 움직이는

매주 함께 운동하는 배구부

주체는 결국 사람이다. 우연일지도 모를 사람과 사람의 만남으로 조직의 내용이 변화하는 것 역시 자연스러운 결과라 믿는다. 그렇게 우리는 반쯤 흐름에 몸을 맡기며, 우리 안에 일어나는 것들에서 의미를 찾으려 한다.

의미 없는 일에 의미가 있다

우리는 의미 없어 보이는 공동 작업에도 공을 들인다. 알기 쉬운 예를 소개하자면, 테라스에 우드 데크를 손수 설치한 일이다. 현재 사무실을 고른 결정적인 이유도 큼지막한 테라스 때문이었는데, 그 공간을 보다 즐겁게 이용하기 위해서 우드 데크를 깔기로 한 것이다. 그런데 테라스는 외부 공간이라 비바람을 맞고 자외선의 영향도 받을 것이니 일반 목재를 쓰면 금방 망가질 것이 뻔하다. 보통은 가공된 외부용 자재를 구입하겠지만 당연히 비쌀 터. 우리는 값싼 재료에 손수 방부 페인트를 칠하고 쓰다가 갈아야 할 때가 되면 다시 작업하기로 하였다.

공간이란 것이 참 희한해서 자기 손을 거치면 그만큼

애착이 생기고, 그 공간을 더 많이 활용하기 위해 머리를 굴린다. 우리도 테라스에서 카레 파티, 만두 파티, 다코야키 파티 등 이벤트를 곧잘 열고 있다. 몸을 움직여 직접 테라스를 꾸미는 것을 무의미한 작업이라 여길지도 모른다. 그런데 공간을 같이 만드는 일은 멤버들의 소통을 돕는 부차적인 효과가 있다. 이러한 이벤트를 열 때는 전원 참가를 강요하기보다 누구나 참여할 수 있는 상황을 만드는 것이 중요하다.

도쿄R부동산은 개개인의 '독립성'이 높다. 그래서 팀이라는 일체감을 만드는 것에 특히 주의를 기울인다. 개성 강한 사람들이 어떤 식으로 뭉치는지가 전체의 성과에 직접적으로 드러나기 때문이다. 참으로 복잡 미묘한 문제이다. 우리는 어떻게 하면 개인과 전체가 목표하는 중개 건수를 달성할지를 놓고 종종 토론을 벌인다. 또 매달 한 번은 회의를 열어 각자의 매출을 보고하면서, 어떻게 하면 업무를 원활하게 추진하고 성과를 올릴 수 있을지, 브레인스토밍도 한다. 이때 의장을 매년 돌아가며 맡는다. 의장이 사회를 보면서 리더의 역할을 하다 보면, 전체를 봐야 한다는 의식이 생긴다. 그러면서 자신의 일과 함께 타인의 일까지 볼 수 있는 넓은 시야를 갖추는 것이다.

손수 만든 우드 데크와 고객들이 만들어 준 화단

테라스에서는 종종 파티가 열린다.

겸업을
권장한다

　프리 에이전트 멤버는 직장에 대한 입장이 자유롭다.
그래서 겸업도 가능하다. 애초에 우리는 회사보다
음악 유닛에 가깝다. 무슨 말인가 하면, 뮤지션들은
같은 음악을 하고 싶은 이들끼리 모여 밴드를 꾸리고,
각기 다른 악기(역할)를 맡아 하나의 콘셉트로 음악을
만든다. 장르가 다른 음악을 하고 싶을 때는 또 다른
멤버와 별도의 유닛을 꾸려서 활동할 수도 있다.
도쿄R부동산이라는 밴드도 마찬가지다. 해산하지
않고도 여기서 파생된 별도 유닛으로 활동할 수 있는
것이다. 솔로 활동을 해도 상관없다. 대신 자신이 속한
메인 밴드에 멤버로서 폐를 끼치지 않는다는 책임을
진다.

　우리는 오히려 겸업을 권장한다. '원래 개인
사업자이니 마음대로 할 수 있지 않은가?'라며
당연하다는 듯 얘기할 수 있지만, 그것이 '권장'은 아니다.
우리가 겸업을 권장하는 이유는 개인이 다방면으로
인맥과 전문성을 넓힌 것이 다시 조직으로 되돌아오기

때문이다. 그렇게 네트워크를 열어서 활용하는 것이
닫아두는 것보다 훨씬 이점이 많다. 물론 신규 사업에
대한 도전도 장려된다. 실제로 매니지먼트를 담당하는
우리 셋도 겸업 중이라 할 수 있다. 도쿄R부동산 외에
건축설계와 컨설팅 일을 하고 있고, 바바는 대학에서
강의도 한다.

겸업을 하면 시너지 효과를 얻을 수 있다. 예를 들어
임대용 신축 건물의 설계 컨설팅을 해서 도쿄R부동산이
중개를 맡을 수도 있다. 겸업을 하고 있기 때문에
들어오는 대형 프로젝트도 있다. 그뿐만 아니라 겸업하는
회사에서 설계한 건물을 도쿄R부동산이 중개도 한다.
바바는 대학 선생을 한다는 이유로 여러 강연회에 불려
다니며 도쿄R부동산을 홍보하는 대변인 역할도 한다.

다만 영업 담당은 처음 2~3년 동안 겸업할 여유가
없다. 거의 백 퍼센트 도쿄R부동산에 전념하지 않으면
성과가 제대로 나오지 않는다. 대부분의 멤버들은 어느
정도 익숙해져 요령이 생기면 겸업을 꿈꾸며 양쪽의
균형을 어떻게 잡을지, 새로운 일을 어떻게 벌릴지
자신만의 방법을 모색하기 시작한다. 그러면서 자신의
가능성을 키워간다.

경영자도
꾸지람을 듣는다

　자율적으로 움직이는 개인이 모인 조직에서는 '관리'를
그다지 꼼꼼하게 할 이유가 없다. 중간 관리직도 거의
필요 없고, 필요하더라도 멤버 중 누군가가 그 '역할'을
수행하면 된다. 직책을 새로 만들 필요가 없다. 게다가
새로운 노하우는 대부분 현장에서 개발된다. 그러니
지혜와 경험이 멤버들에게 오롯이 축적되는 이상,
멤버들에 대한 신뢰는 시간이 갈수록 두터워진다. 따라서
매니지먼트는 '관리'보다 '다음' 비전과 콘셉트를 만드는
일이 된다. 자율적인 집단에서는 경영자가 큰소리로
나서지 않아도 되는 것이다.

　우리 경우는 경영자라고 해서 그다지 대단하게 여기지
않는 분위기라 해야 적확할 것이다. 어찌 됐건 동등한
관계가 바람직하다. 우리 멤버들은 더 열심히 하라며
토닥이는 분위기도 달가워하지 않고, 인상 쓰며 압박하는
분위기도 좋아하지 않는다. 시스템 자체가 부담을
느끼도록 하기에 문제를 일으키지 않는 한 서로에게 화낼
일이 없다. 또 시스템이 공정하면 서로 원망할 일이 없어서

인간관계도 나빠지지 않고 서로 하고 싶은 말을 할 수 있는
환경이 조성된다.

　　물론 중요한 의사결정은 권한을 가진 이가 내려야
하는 것이다. 우리 조직에서 최종적인 책임을 지는 의사
결정권자는 이 책을 쓰고 있는 세 사람이다. 단 우리 셋이
결정하는 일의 범위는 상당히 제한적이다. 결정 권한은
상하 관계가 아니라 주어진 '역할'에 따라 이루어진다고
해야 옳다. 경영진은 위에서 아래로 지시를 내리는 것이
아니라 개인의 자율적인 생각과 팀의 상황을 활성화하는
역할을 한다. 회의 때도 우리 셋은 비교적 뒤로 물러나 있는
편이고, 멤버들은 주인의식을 가지고(실제로 그러하다)
난상토론을 벌인다. 또 매니지먼트 담당으로서 2년 차
멤버에게도 종종 혼이 난다. 이런 방식은 상호 신뢰를
전제로 하기에 가능한 것이다.

　　멤버들은 자신의 프로의식이 투철할수록 더 많은
자유를 누릴 수 있음을 알고 있다. 그래서 채용이 중요하다.
우리 같은 팀을 만드는 핵심은 콘셉트와 인재 선발에
있는데, 우리는 채용을 할 때 감성, 가치관, 소통 능력뿐
아니라 꿈과 의식 수준을 중시한다. 기본적으로 사람은
'하고 싶은 일'에 열심이라 생각하며, 하고 싶은 일을
좋아하는 동료와 함께하면서 해이한 사람은 없다고 믿는다.

결국 이 일을 '하고 싶다'는 마음가짐에 비길만한 것이
없다.

경계가
없는 조직

도쿄R부동산에는 조금 특이한 방식으로 인연을
맺은 멤버가 있다. 이토 야스하루(伊藤靖治)다. 그는 한때
그만두는 사람이 좀처럼 없다는 초대형 부동산 기업을
다니다가, 몇 년 동안 자금을 모아 회사를 차려 독립했다.
그리고 낡은 빌딩 한 채를 통째 빌려 리노베이션을 한 뒤
잘게 쪼개서 다시 임대하는 전대차 사업을 시작했는데,
가능한 한 싸게 빌려 부가가치를 붙인 다음 비싸게
빌려주는 식이었다. 그 대신 임차한 공간만큼 리스크가
따라붙으니 어찌 보면 도박 같은 사업이었지만, 잘만 되면
임대료의 차액만큼 안정적인 수입이 발생하는 사업이었다.
그런 그가 4년 전부터 자기 회사 일을 유지하면서
도쿄R부동산의 프리 에이전트 멤버로도 활약 중이다.
계약 형태는 다른 멤버와 거의 동일하다. 일의 범위도

재미있는 물건을 발굴해 소개하고 계약까지 이끌어낸다. 원래 그는 물건을 찾아 돌아다니는 사람이라서 능수능란하게 둘을 양립시킨다. 이토 입장에서는 리노베이션을 한 물건을 임대할 때 도쿄R부동산을 활용할 수 있고, 도쿄R부동산 입장에서는 전대차나 대기업에서 쌓은 경험 등 그의 노하우를 배울 수 있다. '하고 싶은 일과 가치관이 같으니 같이 하자'고 의기투합한 것이다.

그는 자기 명의의 회사와 사무실이 따로 있지만, 정례 회의나 합숙, 중요한 결정을 내릴 때에는 다른 멤버들과 똑같이 출석하고 목표도 확실히 공유한다. 직원인 것 같지만 직원이 아니고, 외부인인 것 같지만 따져보면 그렇지도 않다. 그리고 문제 되는 부분이 생기면 그때마다 논의해서 해결하고 새로운 약정을 맺는다. 이것도 장점만 취하는 하나의 사례다.

프리 에이전트가
만든 회사들

도쿄R부동산의 사이트는 독특하다는 평판이 많다.

우리 입장에서 좋아하는 것을 늘어놓기만 했을 뿐
'○○다움'이나 브랜드 이미지를 크게 의식한 적이 없다.
하지만 도쿄R부동산이라는 틀 안에서 해야 하는 일, 할
수 있는 일이 구분 지어져 있는 것도 사실이다. 그러다
보니 멤버들이 좋은 사업 아이디어를 떠올리더라도
'도쿄R부동산 답지 않다'는 판단을 할 때가 있다.
그렇다고 그 싹을 잘라 버리기는 아깝다.

　우리는 애초에 개인의 자유를 구속하지 않기 때문에
성립할 수 있는 조직이다. 또 자유를 저해하는 것은 전체
활성화라는 측면에서도 마이너스로 작용한다. 그래서
'도쿄R부동산다운' 것은 아니지만, 추진하는 편이 낫다
싶으면 '스핀 오프'로 분할하거나 다른 회사와 제휴하도록
한다. 다만 '도쿄R부동산다움'을 공유하는 부분에서는
고객 기반(customer base)과 웹 트래픽을 함께 이용한다.

　'밀매 도쿄'는 도쿄R부동산에서 스핀 오프로 탄생한
좋은 예다. 부동산이 아니라 개성 넘치는 아이디어
상품을 판매하는 쇼핑 사이트인데, 초기 멤버 중 세
명이 별도 회사를 세워 사업화한 것이다. 이 사이트에서
판매하는 것이 제품(그러나 예술작품에 가깝다)이므로
도쿄R부동산에서 취급하기는 적절치 않다고 판단했다.
하지만 시각이나 감성은 같았다. 제품 같기도 하고

예술작품 같기도 하며, 양쪽 다 아닌 것 같기도 한, 어쨌든 기존의 상품 개념에서 벗어난 물건들이었다. 콘셉트와 라인업도 도쿄R부동산의 물건과 일맥상통하는 면이 있었다. 세계관이 같으니 관심을 보이는 고객이 잘 맞아떨어질 것들이었다. 다들 세 사람의 아이디어에 두 손 들어 지지를 표했다.

그 결과 그들은 별도 회사를 꾸렸고, 도쿄R부동산의 소속을 유지하면서 일상적인 업무를 하고 있다. 물론 도쿄R부동산에 링크를 걸어 방문자를 공유한다. 밀매 도쿄의 개성 있는 콘텐츠가 도쿄R부동산의 연장선상에 있으면 '역시 그 사람들은 재미있는 일을 하네'라는 식으로 보니까, 우리 이미지를 강화하는 데에도 도움이 된다. 겸업 장려가 결과적으로는 긍정적 효과를 만드는 것이다. 우리는 이런 일들이 더 많이 생기면 좋겠다. 그래야 우리가 하는 일도 더 단단해진다고 믿는다.

처음에는 더 많은 일이 일어나고 스핀 오프하는 이들이 속출해 작은 회사가 난립하지 않을까 걱정도 했지만, 실제로는 그렇지도 않다. 지금은 도쿄R부동산의 일이 즐겁고 매우 분주하다 보니, 다른 일까지 손 뻗을 여유가 좀처럼 나지 않는 것이 현실이다. 하지만 '횡적 확대'의 가능성은 조금씩 싹트고 있다.

2011년에 한 멤버가 주도해 그룹사를 설립하였고, '(R)스튜디오_DIRECTORY'라는 촬영 스튜디오와 촬영장 검색 서비스를 시작했다. 또 인테리어를 손쉽게 즐길 수 있는 도구상자를 콘셉트로 하는 'R부동산 toolbox'도 같은 흐름에 있는 서비스다.

자율적인 인간들의 조직

후지이 다케유키(藤井健之, 이나무라가사키 산초메부동산/
이나무라가사키R부동산 운영 대표이사 및 점장)

짙은 청색 외벽을 따라가다 3층까지 이어지는
외부 계단을 오르며 곧 만날 사람들을 상상했다.
도쿄R부동산의 정례 회의에 처음 참석하는 날이었다.
쿨하고도 마니아다우며, 또 독창적인 부동산 정보
사이트를 운영하는 사람들은 대체 어떤 민낯일까? 건축과
디자인의 전문가로, 패션과 문화에 관한 깊이 있는 화제를
낮은 음성으로 속삭이는 감각적인 사람들은 분명 회의
내내 게재할 물건의 지극히 미묘한 표현을 두고 양보 없는
설전을 벌이리라. 기대와 예단으로 머릿속이 가득 차
있었다.

회의가 시작되었다. 대형 테이블을 겹으로 둘러싸고

경영진과 스태프가 이리저리 뒤섞여 앉았다. 샌드위치를 먹는 사람, 탄산음료를 손에 쥔 사람, 차를 끓이는 사람……. 자유분방한 분위기에서 폭탄머리 리더는 담담하게 이야기를 이끌었다. 다들 예술적이고 철학적인 대화는 없이 각자의 진척 상황을 숫자로만 보고했다.

결론부터 말하자면 나의 기대는 산산조각 났다. 노동법의 보호를 받는 정직원이 아니라 개인 사업자의 집합체인 이 조직은 멤버들이 진검승부를 하듯 회의에 임했다. 명료하고 설득력 있는 현실적 대화가 오갔다. 우뇌를 폭주시켜야 하는 난해한 좌담회가 아니라 실천적인 논의의 장이었다. 다들 도쿄R부동산의 현재부터 미래에 관해 자기 자신의 문제로 받아들이고 있음을 느낄 수 있었다.

아무튼 생활이 걸려 있다. 개인이 수입을 얻으려면 도쿄R부동산이 고객에게 항상 매력적인 존재로 남아야 한다. 이 집단에서는 개인과 기업의 이해가 완전히 일치한다. 일반적인 고용 관계가 형성되는 회사 조직에서는 경영자가 강렬한 리더십을 발휘해 직원들을 끊임없이 고무시켜야 한다. 마치 학교처럼 말이다. 여기는 그 대척점에 있는 자율적인 인간들이 모인 조직인 것이다. 도쿄R부동산이 발명한 것은 새로운 관점에서 부동산

정보를 제공하는 근사한 웹사이트만이 아니다. 그 기반을
이루는 조직 시스템과 일하는 방식이야말로 그들의
발명품이다.

회의는 생각보다 길었다. 개인 사업자들은
경영진과도 수평적인 관계 속에서 밝고 활달하게 의견을
나누었다. 그들의 우수함과 깊이 있는 감성에 더해 프리
에이전트로서의 질긴 생명력을 엿볼 수 있는 자리였다.
대단히 상쾌했다.

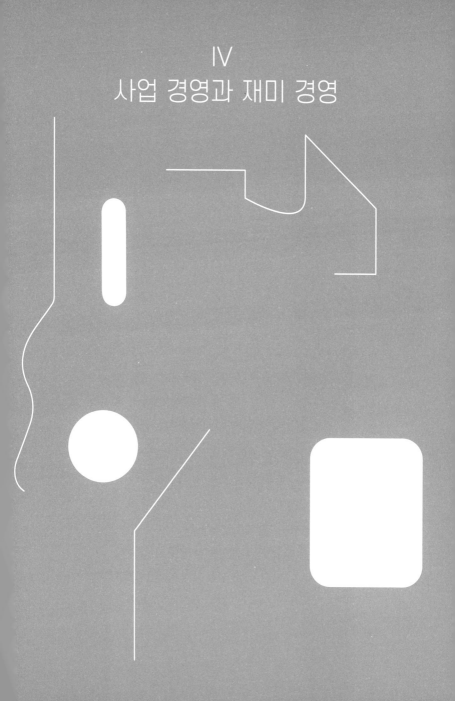

IV
사업 경영과 재미 경영

평균 따위는
필요 없다

　여기까지 읽은 독자는 우리가 별난 사람이고 별난
일을 하기 때문에 남다른 방식으로 일할 수 있다고
생각할지 모른다. 하지만 우리 일은 일본에서 수만 개나
있다는 부동산 중개이니 조금도 별난 일이 아니다. 우리가
일을 하는 방식, 조직을 꾸리는 방식은 지극히 일반적인
업무, 일반적인 기업에도 충분히 도입될 수 있으며,
흥미로운 결과를 얻을 수 있을 것이다. 지금부터는
도쿄R부동산의 '사업' 방식과 전략을 소개할 텐데, 이
내용도 널리 활용할 수 있으리라 믿는다.
　기본적으로 우리 조직은 개인주의 성향이 강하다.
사업도 마찬가지다. '모든 이가 원하는 것'을 고민하고

찾아내는 것이 아니라, 우리 마음에 드는 물건을 알리고
우리 바람에서 출발해 사회와의 접점을 찾으려 한다.
물론 멤버들마다 감각이나 판단 기준이 달라서 가치
기준을 통일하여 한 마디로 깔끔하게 정리할 수 없고,
굳이 말로 표현하지도 않는다. 어찌 됐건 '반 걸음
앞서가는 라이프스타일' 따위의 모호한 말보다는 훨씬
제대로 된 방향으로 달리고 있다. 우리가 이해하는 바를
제대로 구현하는 이상, 억지로 문구를 꾸며 낼 필요가
없다. 그러다 오히려 본질에서 멀어질 수 있다. 가치관을
공유하는 사람들이 팀을 이루었는데 사람만 잘 모이면
되지, 문구야 아무렴 어떨까?

　도쿄R부동산 사이트에 물건을 소개할 때는 기명을
하고 주관에 따라 작성한다. '희망자 없으면 본인이 살고
싶을 만큼 정말 탐나는 물건', '수도 설비의 연식으로
보아 상당한 각오가 필요함' 같은 것도 진심이기만
하면 된다. 고객도 이런 소개문을 읽으면서 점차
작성자의 성향을 이해하고, 자신에게 맞는 담당자가 '이
사람이구나'하고 깨닫는다. 그렇게 공감대를 이루는 두
사람이 현실에서 만나 생각에 생각을 더하니 거기에는
그루브가 생겨난다.

　누군가 찾아주길 바라며 소개한 물건에 공감하는

고객이 나타나면, 소개문을 작성한 담당이 나가 고객을 맞이한다. 그는 회사의 지시에 따르는 것이 아니라, 프리에이전트로서 자신의 의사에 따라 움직이는 개인이다. 이 흐름이 중요한 것이다. 개인의 진정한 니즈와 주관에 기반한 일은 쉽게 흔들리지 않는다. 그것이 특수한 일이어도 괜찮고 세상에 폭넓게 통용되는 일이라도 좋다. 여하튼 '평균'에 맞추는 일을 하고 싶지는 않다.

냉정과 광기를 넘나든다

　세상에는 우뇌파와 좌뇌파, 예술적 기질과 현실적 기질, 크리에이터와 비즈니스 퍼슨 등 다양한 부류의 사람들이 있다. 시간이 흘러도 고객과 직원을 끝없이 매료시킬 수 있는 기업은 그런 다양한 측면을 균형감 있게 겸비하고 있기 때문일 것이다. 우뇌(감각적 측면)만 뛰어나서는 경영이 신통치 않을 수 있고, 좌뇌(논리적 측면)만 뛰어나다면 회사나 비즈니스가 감동을 줄 수 없다.

부동산업계에서 우리는 상당히 크리에이터에 가깝지만, 부동산 실무는 원래 크리에이터가 선호하는 일이 아니다. 우리 일에는 애정·애착, 상상력과 농담이 가득하지만, 실제 하는 일은 지극히 현실적이다. 일일이 물건을 찾아 소유주 및 관리회사와 협상을 하고 고객 안내를 반복한 뒤, 다시 조건을 맞추고 조정을 해서 계약으로 이끄는 일련의 과정을 몇 번이고 거친다.

일반적으로 부동산 실무 담당자들은 감각적 이해가 부족한 경우가 많고, 이른바 창조적 기질을 타고난 인물은 부동산 실무를 하고 싶어 하지 않는다. 그런데 재미난 일에 사회적인 의미와 경제적 가치를 부여하는 것이야말로 창조이며, 그 사실을 아는 사람들이 모이면 사회적이고도 재미난 일들이 일어날 것이다. 그러면 세상은 좀 더 재미있어질 것이 분명하다.

보통 조직은 인물 유형별로 적합한 역할을 부여하는데, 우리 경우는 서로 다른 유형의 성질을 전원이 겸비하도록 한다. 물론 한계가 있지만 팀의 문화와 시스템에 따라 어느 정도는 가능하다. 가령 예술적 기질이 강해 좌뇌는 10퍼센트도 안 될 것 같은 멤버가 있다고 하자. 그런 그가 계약서 문구나 숫자 계산으로 끙끙대는 모습은 우습다. 하지만 그것은 팀의 팔다리를 단련시키는

올바른 방법이라 생각한다. 또 개인의 부족한 점을 서로
지원해 주는 것이 팀을 이루어 일하는 의미이기도 하다.

　사업상 '판단'을 하거나 아이디어를 낼 때도 그렇다.
지금까지 없던 느낌, 부자연스러움, 다소 이상한 흐름을
만들어 사회에 변화를 주면서도 요구에는 제대로
부응하는 것이다. 그리고 우리의 일을 언제나 창조적
작업이라는 관점에서 평가하고 스스로를 비평한다.
동시에 현실 사회에서 어떻게 자리매김시킬지,
사회적으로 어떤 의미가 있고 어떤 변화를 줄 수 있을지
판단할 필요가 있다.

　창의성과 현실성을 양립시키려면 논의를 할 때도
요령이 필요하다. 우선은 논제를 정해 놓고 시작한다.
오늘 결정해야 할 것을 염두에 두지만, 샛길로 빠진
이야기에 가속도가 붙으면 한바탕 폭주하게 내버려
둔다. 그러다 적당한 기회를 보아 현실적인 이야기로
돌아오면 된다. 그리고 다시 한번 현실에서 멀어져 본다.
이를 반복하면서 감각과 균형을 가다듬는다. 이 과정을
이끄는 것은 상당히 창조적인 세계다. 어떤 때는 진지한
직장인이고 어떤 때는 엉뚱한 괴짜가 된다. 냉정과
광기를 넘나들기, 바로 우리가 지향하는 바, 일을 대하는
기본자세이다.

재미있는 것을
진지하게

세상의 일을 크게 나누면 두 가지다. 편리를 추구하고 문제를 해결하는 '합리적인' 일과 꼭 필요하지는 않지만 사람을 기쁘게 하는 일, 어떤 의미에서 '비합리적인' 일이다. 전기나 가스 회사, 복사기 제조사나 슈퍼마켓은 전자에, 음악이나 게임은 보통 후자로 구분된다. 가전제품은 어떤가? 예전에는 전자였지만, 멋으로 무장한 요즘은 후자인지도 모른다. 유니클로는 굳이 말하자면 전자, 하이패션은 후자. 맥도널드와 요시노야(吉野家)*는 누군가에게는 전자이지만, 누군가에게는 후자다. 아이폰과 페이스북은 그 경계일지도 모른다. 딱 잘라 말할 수 없는 애매한 정의지만 대략 그렇게 양분할 수 있다는 것이다.

사람들이 생활의 편의와 효율을 높이려는 이유는 무엇일까? 편하고 싶어서? 일리가 있다. 누구나 편한 것을 좋아하니 말이다. 하지만 사람은 합리적이지 않은

* 일본에서 대표적인 규동 체인점 - 역자 주

데에 몰두하려는 욕구 또한 크다. 오래전부터 인간은 춤추고, 노래하고, 축제를 열고, 사랑하고, 그림을 그리고, 식도락을 위해 여행을 떠나는 등 합리적이지 않은 일에 에너지를 쏟아왔다. 인간이 추구하는 편의와 효율은 합리적인 목적이 있어서라기 보다, 비합리적인 기쁨을 누릴 시간과 돈을 확보하기 위해 강구하는 수단이라는 생각이 든다. 결국 인간은 비합리적인 것에 끌리는 동시에, 편리한 것에 끌리기 마련이다. 오로지 시간과 돈을 절약해 합리만 추구하며 살다 죽으면 무슨 의미가 있을까? 안타깝게도 많은 일본인들이 그런 슬픈 말로를 맞이하고 있다.

지금은 세상의 모든 것이 양극화되는 시대다. 물건값만 해도 그렇다. 정말 싸거나 비싸지 않으면 팔리지 않는다고들 한다. 이를 '합리적인 일'과 '비합리적인 일'로 비유할 수 있다. 그것이 양극화의 본질일지도 모른다. 다행히 인간은 그리 합리적이지 않다. 웃음도 합리적으로 설명할 수 없고, 합리적인 설명을 붙이면 웃지 않는다. 목숨을 부지하는 필수조건이 아닐지라도 기쁨과 놀람, 만족을 우리는 많이 만들어 내고 싶다.

가끔 도쿄R부동산 사이트는 검색이 불편하다는 이야기를 듣는다. 우리는 합리적이지 않은 부분을 구태여

남겨둔다. 이는 우리 나름의 메시지이자 입장이다.
역설적이게도 이런 자세로 하는 일은 효율적으로 해야
굶지 않는다. 그래서 효율을 지키고 균형을 유지하려
애쓴다. 재미있는 일을 하는 대신 상당히 힘든 것 또한
사실이다.

평범한 것을
즐겁게

즐거움은 그 자체로 하나의 가치다. 궁극적으로 그
이상 가는 가치는 없다고 해도 좋을 것이다. 하지만 아무리
생각해도 세상에 즐거운 일만 있지는 않다. 부동산 중개도
그중 하나다. 세상에 즐거운 부동산 업자는 그다지 본
적이 없으니까 말이다. 그런데 바로 여기에 기회가 있다.
당연한 무언가를 즐겁게 바꾸는 것, 시시한 일을 즐겁게
하는 것이 우리의 장기다. 도쿄R부동산은 그런 일을 한다.
즐거운 것을 더 즐겁게 보이도록 꾸미고, 연예인을 불러서
분위기를 띄우거나 호화롭게 보이도록 치장하는 것에는
그다지 끌리지 않는다.

생각해 보면 그다지 좋은 인상을 주지 못했던 광고회사가 지금은 '크리에이티브' 업종의 대표격이 되었고, '주식쟁이'라 불리며 무시당하던 증권맨이 이제는 인텔리 대접을 받는다. 본래 부동산업도 생활공간을 창조하는 일인 만큼 상상력과 감성을 발휘하는 멋진 직업이 될 수 있다. 모든 것에는 여러 면이 있으니, 숨어 있는 훌륭한 가능성에 주목하는 우리 일은 그래서 재미있다.

앞으로도 일의 영역을 넓혀가면서 즐거운 건설사, 즐거운 투자사, 혹은 즐거운 부동산 관리 등으로 생각하게 될 것 같다. 다른 업계에서도 이런 시도가 가능하다. 엄청나게 즐거운 세탁소, 몹시 즐거운 주유소, 굉장히 즐거운 치과, 써보면 즐거워지는 냉장고……. 이런 관점에서 발상하면 아직 기회는 많다. 틀림없이 세상은 보다 더 즐거워질 것이다. 향락적이고 세련되며 화려했던 에도시대(江戸, 1603~1868)의 문화도 그렇게 번성했고, 이탈리아는 나라 전체가 그런 분위기였다. 그런 곳에 풍요로움이 생기고 사람이 모인다.

자신이 하는 일이 어떤 일이든 즐거움을 추구할 방도는 있다. 환경이니 한계니 하는 것은 머릿속에서 만들어낸 변명일 뿐, 약간의 상상력을 발휘하기 나름이다.

우선은 가슴이 설레기만 해도 된다. 물론 동시에 경제적 이익을 낳는 생각을 해야 하고, 그 설렘을 담대하게 지속시킬 전략을 궁리해서 획득해야 한다. 이렇게 접근할 때 가장 큰 성과를 올리고, 자신의 잣대로 가치 있는 인생을 살며, 멋진 세상을 만들 수 있지 않을까?

규모가 아닌
영향력에서 성장하기

사람들은 '회사는 성장해야 한다'고 말한다. 우리도 기본적으로 같은 생각이지만, 성장을 인원수나 매출의 증가와 동일한 의미로 보는 데에는 동의하지 않는다. 어릴 때야 자라기만 하면 무조건 칭찬받았지만, 어른이 되고 나면 농구선수가 아닌 이상 신체적 성장은 큰 의미가 없다. 말할 것도 없이 내면의 성장이 문제이기 때문이다. 그런데도 기업들은 일단 몸집 불리기를 성장이라 부르며 목표로 삼는다.

몸집 불리기가 기업의 건전성을 유지하기 위한 하나의 방편이긴 하지만, 한편으로는 주주들이 바라는 구조이기

때문일 것이고 경영자의 금전욕도 얽혔을 것이며, 지극히
단순하게는 성취욕의 산물일지도 모른다. 그 모든 것이
반드시 나쁘다고 할 수는 없다. 하지만 근본적으로
규모의 성장 이외는 깊게 고려되지 않는다는 생각이
든다. 회사가 성장을 멈추면 죽는다는 말을 들을 때마다
'경우에 따라 다르지 않나?' 하는 생각을 한다. 오랜
역사와 전통을 자랑하는 노포 기업들을 보라. 과거와
같은 규모로도 한결같이 제품의 질과 자긍심을 지켜가지
않는가 말이다.

공격적이지 않아 보이는 우리도 물론 욕심이 있다.
하지만 어디까지나 '임팩트', 다시 말해 우리가 생각하는
성장의 축은 사회에 대한 '영향력'에 있다. 그러려면
쓸데없이 몸집을 키우려고 애쓰지 말아야 한다. 위대한
예술가나 디자이너가 그러하듯 순수하게 창조에만
집중력을 발휘할 수 있는 상태를 유지하며 질적인 진화를
거듭하는 이가 분명 영향력을 증대시킨다.

우리는 지금껏 해 온 일에 대해 본질적인 풍요로움을
추구했다고 자평한다. 그런데 이런 일을 갑작스레 백억
엔 규모의 사업으로 키울 수는 없다. 조금씩 자연스럽게
퍼져나가야 하는 성격의 일이기 때문이다. 원하는
물건을 찾아 사이트를 방문하는 고객이 매달 20만 명을

헤아리지만, 실제 계약으로 이어지는 사례는 50건 정도다. 서둘러 회사를 키우려고 이런저런 물건을 대량으로 다루기 시작하면 우리가 진짜 좋아하는 고객은 떠날 것이다. 그런 일은 하고 싶지도 않고, 한다 해도 의미가 없다. 제대로 진화해야 한다.

우리가 영향력을 키우고 싶은 이유는 세상을 보다 풍성하게 만들고 싶기 때문이다. 테마와 목적이 없으면 일단 이익이라도 늘리려는 법이다. 누구나 타인에게 존경받고 싶고, 성취감도 느끼고 싶어 한다. 그러나 질적 영향력 없이 그저 덩치만 큰 회사나 사업은 존경받기가 어렵다. 돈이 많다고 존경받는 시대는 지났다. 크지 않아도 진화할 수 있는 상태를 만들어야 하고, 진화하지 않더라도 자부심을 느끼며 지속할 수 있는 일과 구성원의 의식을 다져야 한다. '영향력에서 성장하는 것이 가장 중요하다는 의식'. 이것은 우리가 길을 벗어나지 않으면서 생존하기 위한 전략이기도 하다.

그러다 언젠가 규모의 확대가 영향력을 확보하기 위한 최적의 선택이라면, 그때 우리는 망설이지 않을 것이다. 우리가 다음 성장을 위해 할 일은 현재 성과를 밑거름으로 새로운 일을 만들어가는 것이다. 앞으로 몇 년 뒤, 우리는 어쩌면 또 다른 스타일로 일하고 있을지도 모르겠다.

반논리주의?

우리는 사물을 논리적으로만 판단하는 것은 위험하다고 본다. 우리가 논리적으로 따지기 좋아하는 성향이 아니라서 하는 소리가 아니다. 원래 논리적으로 생각하고 논리적으로 판단하면 누구나 같은 결론을 얻게 되어, 결국 남들과 같은 행동을 하게 된다. 생생한 현장감도 멀어진다.

부동산 물건을 논리적으로 선택한다면 먼저 위치, 임대료, 평면을 따지게 된다. 그런데 정말 그래야 할까? 이 의문에서 출발한 것이 우리 일이다. 도쿄R부동산의 검색 아이콘 역시 전혀 논리적이지 않다. 그렇다고 허술하다는 뜻은 아니다. 검색 아이콘은 가슴 뛰는 의외의 만남과 물건을 찾는 상상의 매개가 된다. 아마도 사람의 뇌는 상당 부분 직감에 반응하는 것이 아닐까? 생각해 보면 연애도 그렇다. 사랑하는 사람을 '논리적 사고'에 따라 정한다면 상당히 비호감일 것이다.

우리가 '논리'를 적용하는 방식은 이렇다. 무언가를 결정할 때 판단할 수 있는 근거를 먼저 논리적으로 정리해 둔다. 그리고 결정에서는 직감과 느낌으로 판단한다.

그런 다음 '이래서 좋았구나' 하고 납득하는 과정에서 논리적인 근거를 참고 자료로 활용한다. 중요한 것은 직감이다. 타격법을 논리적으로 이해한 선수가 홈런을 치는지, 연습으로 감각을 키운 선수가 홈런을 치는지를 생각하면 금방 알 수 있다. 필시 후자일 것이다.

가끔은 논리적으로 이해할 필요가 있다. 그리고 감이 논리를 만들기도 한다. 다만, 논리의 위험성을 유의해야 한다. 감각적으로 맞지 않더라도 설득력이 있다는 이유로 논리가 받아들여지기 때문이다. 무서운 일이다. 그렇다고 논리가 전무해서는 안 된다. 어느 정도 논리가 통해야 옳고 그름이 있을 텐데, 완전히 결여된 상황도 많다. '이토록 완벽한 계획을 사람들이 못 따라온다', '그 녀석이 어떻게 그런 일을 해냈지?'라는 말은 드라마에나 나올 법하지만 현실에서도 자주 들을 수 있다.

일단 논리가 '통하는' 상황을 만들기는 그리 어렵지 않다. '억지'를 부려 설득해내는 것보다는 훨씬 쉽다. 이렇게 말하는 우리도 소싯적에는 논리적인 사고 방법을 훈련받았고, 때로는 무척 유용하다는 것을 안다. 하지만 모든 것을 논리에 맡기면 '고객은 누구인가', '물건의 선택 기준은 무엇인가', '콘셉트는 무엇인가'에 따라 모든 것이 결정된다는 얘기가 된다. 여기에 함정이 있다.

논리는 애초에 가능한 일보다 불가능한 일을 설명하는
데 적합하다. '논리적'이라는 말이 '언어화' 한다는
의미도 아니다. 쓸데없이 온갖 설명을 붙이기보다 감각을
발동시킬 때가 매사 가장 잘 풀린다. 그림 한 장을
보여주며 "이거 어때?" 하면 "아, 좋네."라고 느낄 때처럼.
'정답'에서 거리를 두고 생각해야 한다.

틈새를
노리자

　이전에 꽤 큰 리모델링 회사의 대표가 "우리는
틈새시장에서 사업하고 있습니다."라고 한 적이 있다.
그때 우리는 무척 의아했다. 그들이 완벽한 메이저
기업이라고 생각했기 때문이다. 그리고 얼마 지나지
않아 인사 차 들렀더니 "아이고, 도쿄R부동산 잘 보고
있습니다. 그나저나 초틈새를 노리더군요."라고 말했다.
인상 깊었다. 우리 무대가 그토록 작은 건가…….
　도쿄R부동산에서 물건을 임대하거나 매매하는
고객이 확실히 '특정 소수'이기는 하다. 가끔 운전

학원이나 고속도로 휴게소처럼 별의별 사람들이 다
모이는 장소에 가면 의식적으로 주위를 한 번 둘러본다.

"우리 고객 같은 타입은 얼마나 될까?"

많아도 10퍼센트 정도 될까 싶다. 그렇다고 걱정할
일일까? 오히려 좋다고 생각된다. 대중이라 불리는
사람이 있는지 없는지는 잘 모르겠지만, 현재 우리가
있는 곳은 대중이 있는 곳의 반대편인 '틈새'인 모양이다.

우리는 얼굴이 확실히 보이는 사람들을 상대한다.
고객과 감정을 나누고, 만나면 곧 동지의식을 느낀다.
길을 가다 그 사람의 분위기만 보고도 '우리 고객 같다'는
생각이 든다. 그렇다고 우리가 그저 틈새시장의 니즈를
찾아 남들과 다르게 일하는 것 자체가 목적은 아니다.
가치관과 취향 등에서 우리와 가까운 사람들을 고객으로
한다는 의미다.

이렇게 하면 무엇이 좋을까? 우선 마음 맞는 사람들과
함께 일을 할 수 있다. 또 우리가 좋아하는 것의 가치를
전달하는 자체가 곧 일이 된다. 무엇보다 이렇게 일하면
행복하다. 만족감이 들기 때문에 의욕이 저하되지도
않는다. 그리고 가치관이 맞는 소수를 위한 일이 우리의
일상을 행복하게 하는 것은 물론 경영의 측면, 회사의
존속과 진화의 측면에서도 안정감을 준다.

또한 만인을 위한 일이 아니라서 금세 대기업이
되는 일은 없겠지만, 무턱대고 몸집을 키우려 하지도
않으므로 땅에 발 딛고 살게 된다. 세상 모든 이가 우리
고객이 된다면 영업 활동을 크게 벌여 단숨에 규모를
키우려 들 것이다. 분명 굉장한 자극도 되고 이익도
늘겠지만, 욕심이 과해 자칫 잘못하면 뭐가 뭔지 모르는
판단불능에 빠질 수도 있다. 그러니 '고객과 마음이
통하는 것', 즉 고객의 요구를 이해하지 못해 추측하기
보다 같은 마음으로 서로를 이해하는 것은 근사한
일이다.

우리는 개척자이기를 원하기에 대수롭지 않아도
지금까지 남들이 하지 않은 일을 하고 싶다. 많은
이들도 이처럼 생각할 것이다. 다만 우리는 청개구리
기질이 있어서 누구나 기회로 여기는 '핫 스폿'에는
별 관심이 없다. 그런 분야에서 담담하게 잘 해 나갈
사람이 있겠지만, 대부분은 노다지가 쏟아질 거라는
소문을 믿고 몰려든 사람들과 경쟁해서 기진맥진하거나
접전 끝에 실패를 맛볼 것이 뻔하다. 오히려 한 발 앞을
내다보고, 남들이 아직 제대로 보지 못한 분야에서
유유히 기회를 잡는 것이야말로 가장 멋지지 않은가?

앞으로 우리가 지금보다 큰 영향력을 목표로 한다

해도 언제나 우리 자신과 동료의 생각, 거기에 공감해
주는 사람들로부터 모든 것을 시작하려 한다. 그렇게
조금씩 펼쳐가다 보면 제대로 진화할 수 있을 것이다.

자연스러워야
좋다

　도쿄R부동산을 찾는 사람 중에는 고도로 감각적이고
자신만의 스타일을 가진 이가 많다. 이른바 세련된
사람들이 많을뿐더러 재능 있는 크리에이터들로부터
미안할 만큼 지지도 받고 있다. 필사적으로 발굴한
흥미로운 정보를, 정직하고 친숙하면서도 재미있는
방식으로, 또한 전달할 것은 빠짐없이 전한다는 점에서
공감을 얻고 있다.
　그런데 도쿄R부동산의 사이트가 멋을 부리거나
스마트한 느낌을 주지는 않는다. 그저 자연스럽다. 물건을
소개하는 문장이 아마추어 같고 사진 솜씨도 훌륭하지
않다. 그래픽도 크게 신경 쓰지 않은 느낌이다. 세간에
부동산 업자는 정직하지 않다는 이미지가 있기 때문에

너무 친절하면 속인다는 느낌을 줄 수 있고, 화려하게 꾸미면 오히려 전달력이 떨어질 수도 있다. 전문 작가가 쓴 글은 어딘지 거리감이 느껴진다. 그래서 우리는 폼 잡지 않고, 항상 자연스럽게 흘러가려 한다.

사실 처음부터 노린 바는 아니지만, 결과적으로 지금은 코믹한 이미지가 형성되어 친근감을 주고 있다. 우리 사이트의 위상을 '각양각색의 맛있는 안주와 감각적인 사람들을 만날 수 있는 선술집' 정도에 비유할 수 있을 것 같다. 물론 보다 질 높은 서비스를 제공하려는 노력은 필요하지만, 본질에 더 충실하기 위해서도 외적인 치장에는 비용을 덜 들이는 것이 옳다고 본다.

또 하나. 자연스러움을 중시하느라 긴장감이 떨어지는 조직은 돈을 못 번다고 생각하는 사람들이 많은 것 같다. 취미 삼아 하는 것 같고 '대단한' 느낌도 들지 않으니, '재미있겠지만 돈은 안 되겠다'며 생각하기 쉽다. 그래서인지 장사 수완이 뛰어난 사람들한테 괜한 간섭을 받는 일이 없고, 쓸데없는 참견에 신경 쓰며 시간을 허비하지도 않는다. 하지만 도쿄R부동산은 실제 제대로 수익을 내고 있다.

우리는 일반적인 관점에서 불합격 점수를 받아도 '새로운 시각으로 접근하면 매력적인 물건'에 강하다.

우리 멤버들은 남의 관심을 끌지 못하는 물건을 골라 제
손으로 변신시키고 싶어 하는 심리가 있다. 노진구* 같은
인물을 미워하기 어렵듯이 적당한 약점이 있는 부동산도
꼭 나쁘지 않다. 모든 것을 일일이 '최적화'해도 소용없다.
조금만 문제가 생겨도 전체를 수정해야 하기 때문이다.
또 지나치게 완벽해서 빈틈이 없어도 매력이 떨어진다.

조직도 마찬가지다. 각자 역할이 너무 정확히
구분되면 우익수와 중견수 사이에 낙구가 나오기 쉽고,
쉬지 않고 '성장의 기회'만 외치면 균형을 잃기 쉽다.
인간의 상상에는 한계가 있어서, 최적이라 생각하는 것이
사실 진정한 최고도 아니다. 그렇기 때문에 우리는 어느
정도 물건의 '약점'을 허용하고 매력적인 틈으로 만들고
싶다.

---

* 일본 만화, 애니메이션《도라에몽》의 주인공. 노진구는 겁이 많고 잘하는
것이 없는 캐릭터로 미래에서 온 고양이 로봇 '도라에몽'과 우정을 나눈다. -
역자 주

기업도
프리 에이전트

현대는 무엇을 만들어야 할지 모호한 시대다. 만들어야 할 것이 명확했던 시대의 기업은 확대재생산의 축에 있었으므로 '어떻게 만들지'가 문제였다. 그런데 기본적인 가치가 실현된 지금 기업들은 손재주로 이룬 차별화를 넘어서 '무엇을 만들지', '새로운 가치는 무엇인지', 즉 How에서 What을 고민하는 물음으로 돌아가고 있다.

과거의 일은 대부분 루틴 워크였다. 공장에서 물건을 만들듯이 특정인에게 정해진 역할을 부여했으며, '너는 영업, 너는 기획, 너는 제작'하는 식으로 기능 분화가 명쾌했다. 맡은 역할을 잘 수행하면 일은 대부분 잘 돌아갔다. 하지만 이제 그런 식으로는 지속 가능할 수가 없다. 일의 성패를 가르는 열쇠는 세상이 '무엇을 요구하는지'를 모색하는, 명확한 역할 분담 이전의 상태에서 찾아야 한다.

그래서 일은 프로젝트 형태로 시작될 수밖에 없으며, 프로젝트의 멤버가 되는 사람은 일하는 방식도 새롭게 찾아내야 한다. 또 일을 추진하는 방식이 한번 정해져

루틴이 형성된 후에도, 그 루틴을 반복하는 사람들이
새로운 방식을 찾아내는 프로젝트의 시작 멤버가 되어야
한다. 이는 조직마저도 프로젝트처럼 운영해야 한다는
것을 의미한다. 사업과 회사가 유연하게 바뀔 수 있는
시스템을 갖추어야 하며, 해답은 프리 에이전트가 될
것이다.

　　원래 회사라는 것은 사업을 하기 위한 틀에 불과하다.
각기 다른 사업마다 운영 방식과 문화가 달라야 한다.
한 회사에 몸을 담고 일을 하면 장점이 있지만 단점도
따르므로, 이럴 때면 각 사업에 가장 적합한 조직은
필요에 따라 제휴를 맺으면 된다. 모회사와 자회사 같은
상하관계가 아니라, 아메바처럼 평등한 관계를 맺으며
퍼지면 된다. 우리의 경우, 회사와 사업이 일치하지 않는다.
회사는 회사대로 테마나 근거를 가지고 조직을 이루지만,
프로젝트나 사업은 여러 회사가 공동으로 추진하기도
한다. 그래야 더 나은 결과를 얻을 때가 많다. 일일이
새로운 회사를 만들 필요가 없는 것이다.

　　도쿄R부동산도 도쿄R부동산이라는 이름의
회사가 운영하지 않는다. '도쿄R부동산'은 미디어
혹은 점포의 이름이다. '매거진하우스'라는 회사에서
《브루투스》(Brutus)라는 남성 잡지를 내는 것과 같은

구조다. '스피크'(SPEAC)라는 회사(하야시, 요시자토가 대표)가 부동산 중개 면허를 가지고 계약과 운영의 주체가 되며, '오픈 에이'(Open A)라는 회사(바바가 대표)가 공동 운영자로서 기사의 편집, 제작 일부를 맡고 있다.

스피크와 오픈 에이는 도쿄R부동산과 사업을 통해 제휴 관계에 있다. 함께 설계 일을 진행하기도 하고 도시계획을 기획하기도 한다. 도쿄R부동산을 끼고 일할 때도 있고, 그렇지 않을 때도 있다. 서로 독립성을 가짐으로써 스피크는 스피크 만의, 오픈 에이는 오픈 에이 만의 정체성을 유지한다. 그 캐릭터가 적당히 달라서 이점이 되기도 하는 것이다. 우리는 한 덩어리가 되면 각자의 정체성을 상쇄할 수 있다는 우려에서 제휴라는 방법을 선택하였는데, 도쿄R부동산이 자랑하는 발상 및 전개의 다양성은 거기서 연유한다고 생각한다.

그 외에 도쿄R부동과 사이트 그룹을 이루는 회사는 '주식회사 안테나'라는 편집사무소가 있고, 물품 판매 사이트 '밀매 도쿄'를 운영하는 '하이라이드'가 있다. 하이라이드는 도쿄R부동산의 멤버가 설립한 회사다. 그리고 사이트는 아니지만 도쿄R부동산의 멤버와 다카노 요이치로(高野要一郎)가 공동사업으로 설립한 니지마(新島)의 카페 겸 민박 '사로'가 있다. 이러한 제휴 사업도 진화와 콘셉트에 따라 새로운 팀과 회사가 자연스레 생길 수 있다. 부동산 중개와 상품 판매처럼 결정적으로 사업의 결이 다른 경우, 도쿄R부동산을 찾는 방문자와 고객을 공유하고 싶지만 경영 측면에서는 별개여야 좋기 때문에 일부만 공유한다.

또 웹 시스템에 대해 조언을 해주는 '심비언트'(Sym-biont)가 있다. 심비언트는 형님처럼 돌봐 주는 아이요시 코키(相吉孝紀) 씨의 회사인데, 웹 기반의 부동산업 컨설팅을 한다. 도쿄R부동산과는 적당한 거리를 유지하며 도움을 주고 사무실도 일부 공유하고 있다.

아이요시 씨는 홈즈(HOME'S)라는 일본 최대 부동산 중개 사이트의 설립 멤버인 만큼 부동산 웹에 대해 훤하다. 그가 보기에 도쿄R부동산은 업계의 상식을 완전히 벗어났다면서도, 그 점이 흥미롭다며 도움을 준다. 가끔 우리가 얼마나 부동산업계의 통념과 다른 길을 가는지, 객관적이고도 냉철한 분석을 적절히 받고 있다. 그때그때 상식을 벗어나는 것이 좋을지, 따르는 것이 좋을지 판단할 때 기준을 제시해 주는 사람이 가까이 있어 우리로서는 무척 감사하다. 물론 아이요시 씨도 특이한 길을 가는 사람들을 보면서 자신의 본업에 피드백을 얻는다(고 믿고 싶다). 어쨌든 우리의 난폭한 선택을 가장 잘 지지해

주는 사람도 그다. 업계의 흥망성쇠를 지겹도록 보아온
베테랑인지라 그의 판단은 언제나 믿음직하다. 그를 굳이
말하자면 '외부 고문'이겠지만 우리는 그저 팀의 일원이
자신의 회사를 운영하고 있는 정도로 여긴다.

여기까지를 태양계라 한다면 은하계, 즉
'가나자와R부동산'과 '후쿠오카R부동산' 같이 지방
R부동산의 사이트를 운영하는 파트너사 멤버들이 있다.

이렇게 우리는 안팎으로 평등한 관계 속에서
정보와 인재를 공유한다. 적절한 제휴 관계를 맺고 있어
어디까지가 '안'이고 어디부터가 '밖'인지는 규정할
수 없다. 그래서 인원이 몇 명이냐는 질문을 받으면 참
곤란하다. 그때마다 '다양한 관계사가 있어 딱 꼬집어
얘기할 수 없지만, 사무실에는 스무 명 정도 있다'는
정도로 답한다.

도쿄R부동산을 지탱하는 '회사'와 '관계'는 더
늘어나도 좋을 것이다. 관계하는 형태와 강도는
프로젝트마다 다를 수 있다. 프로젝트의 성격에 따라
조절하고, 나아가 가장 잘 맞는 맞춤식 관계를 만들
수 있지 않을까 생각한다. 처음부터 회사의 규모를
키우겠다는 사람들이 모인 것이 아닌지라 그 거리감과
신축성이 우리의 캐릭터나 시대성에 맞는 것 같기도 하다.

작기 때문에 사회적 영향력이 있고 강한 메시지를 던질 수 있는 조직이 있어도 좋겠다. 이들이 혼재하는 것이 중요하다. 동시에 독보적인 매출에 상장을 목표로 하는 사업 모델까지 있는 기업이 있어도 재미있을 것이다. 특이성과 대중성이 균형을 이루는 사업 모델이 여러 개 산재하고, 그 상황을 항상 만드는 것이 우리가 생각하는 조직 네트워크의 이상형이라 할 수 있다. 그렇게 우리는 재미를 느끼면서도 담대하게 살아남고 싶다.

진정한 '제대로'를 추구하기

우리는 다수결에서 이긴 자만 살아남는 세상을 좋아하지 않다. 순위를 매겨 인기 많은 물건, 즉 '많은 사람이 좋아하는 물건'을 더 많이 사도록 유도하는 행위에 거부감이 있다. 또 편의점처럼 카테고리마다 가장 잘 팔리는 물건만 들여놓는 방식도 '쇼핑의 즐거움', '고르는 즐거움'을 도둑맞는 기분이 들어 왠지 멀리하게 된다. 이것들이 돈을 많이 벌 수 있는 방식임에는 분명하다.

하지만 '인간을 균일한 존재로 취급해야 가장 많은 돈을
벌 수 있는' 세상은 조금도 근사하지 않다. 또 그렇게
돈을 버는 사람들이 가장 행복한가 하면 딱히 그렇지도
않다. 사업에 따라서 다르겠지만 수익면에서 2등이라도
실속 있게 제대로 일을 하고 있다는 생각, 풍성한 가치를
제공한다는 생각이 들면 행복할 수 있다. 그 편이 더
지속성이 있고 시장 가치도 더 높은 것 아닐까?

　　제대로 된 인간 사회는 가치관이 다양해야 한다.
균질함이 좋을 때도 있지만, 나쁠 때도 있다. 다양성은
끝까지 남겨두어야 하는 가치다. 도쿄R부동산은
미력하나마 그런 다양성을 지키겠다는 주제 의식이 있다.
우리는 이 시대의 시스템이 진정한 의미에서 '제대로'
되었다고는 보지 않는다. 가령 현재 주식시장은 환경에
나쁜 영향을 끼치는 측면이 있다. 단기적인 이익 확대를
추구하며 지구 환경의 황폐화를 부추기는 측면이
다분하기 때문이다. 그렇다고 자본주의 시스템을 부정할
생각은 없다. 어디까지나 균형감 있게 흘러가기를 바라며
세상의 가치관에 돌 하나를 던지듯 메시지를 던지려 한다.

　　이제 개인의 삶과 가치관도 '제대로 된' 모습을
생각할 때가 되었다고 본다. '사치'나 '상류'의 의미가
변한지는 이미 오래다. 부동산과 주택도 호화로움이 더

이상 본질적 가치가 아니다. 안전성만 고려해 결정하는 것도 풍요로움과 거리가 멀다. 회사도 마찬가지다. 규모의 성장을 전제로 한 회사나 사업을 '제대로 되었다'고 평가하던 시대는 지났다. '제대로'에 대한 기준은 시간의 흐름과 함께 변한다. 종신고용과 연공서열이 나쁘다기보다 시대 상황에 맞지 않을 뿐이다. 그런데도 과거의 방식을 그대로 좇는다면 이상하지 않은가?

전환기인 지금 세상에는 '제대로 된' 모습을 추구하는 일이 사회적 기업으로부터 다수 출현하고 있다. 과거의 가치관과 제도 안에서는 수익성이 없고 비주류라는 평가를 받기 일쑤였지만, 머리나 가슴의 '가치관'이 변하면 그 위상도 변할 것이다. 우리의 미래 전략은 바로 이러한 관점의 변화까지 포함한다.

결국
개인이 주역

한때 기업의 목표는 오로지 성장이었고, 성장한 기업은 자회사를 세워 피라미드 구조를 갖추는 것이 자연스러운

수순이었다. 미국의 경우, LLP(Limited Liability Partnership, 유한책임조합)처럼 특정 사업이나 프로젝트 진행을 목적으로 한 '파트너십' 형태의 조직은 오래전부터 있었다. LLP는 일본에서는 아직 생소하게 여기는 편인데, 주식회사에 해당하는 코퍼레이션과는 달리 팀 단위로 사업을 한다는 개념이다. 때문에 특정한 목적의 사업을 추진할 때 최적의 규칙을 갖춘 유연한 조직을 만들 수 있다. 주식회사라는 하나의 틀 안에서 정해진 규칙에 따라 모든 사업을 추진하는 것이 아니라, 사업에 따라 시스템을 유연하게 바꿀 수 있는 것이다. 임무가 끝난 뒤에는 해산할 수도 있으므로 프로젝트형 조직이라 할 수 있다.

미국의 성공한 사람 중에는 복수의 파트너십을 병행하는 경우도 많다. 어떤 팀에서는 주모자, 또 다른 팀에서는 협력자로 참여한다. 우리도 그와 비슷하다. 흡사 아메바처럼 팀과 팀이 부드럽게 연계되고, 연계의 깊이와 모양, 상하 관계까지 출자와 제휴 시 맺은 약속에 따라 디자인한다. 상황이 변하면 더 밀접한 관계를 맺거나 흩어질 수도 있다. 그 유연함은 2차원이 아닌 3차원적인 것이다. 그리고 그 사이를 사람이 움직인다. 리더가 별도의 팀을 운영하면서 의욕적으로 몰두할 때는 떨어지고, 그룹을 이루어 모든 것을 함께 재편해야 할 때는 다시

집결한다. 우리는 아직 그 정도는 아니지만, 가능한 한
경계가 유연한 그룹이 되고 싶다.

일본은 기업의 개념이 경직돼 있는 편이다. 그래서
큰일을 도모하거나 새로운 도전을 할 때 몸담은 회사나
사무실에서 불가능하다 싶으면, 노렌와케(のれん分け)*처럼
조직의 소유권을 나누면서 증식하는 것이 좋다. 소유권은
동기 부여와도 밀접한 관계가 있다. 모기업이 직접
출자한다는 것은 경영하는 입장에서도 용기가 필요한
일이다. 품 안에 가두어 두면 '기득권'을 지키겠지만, 동기
부여와 자율성은 손상될 수 있다.

결론적으로 일이라는 것은 개인과 아이디어가
본질적인 요소이지, 회사라는 껍데기의 성장이 핵심은
아니다. 프리 에이전트 스타일의 바탕에도 같은 생각이
있다. 중요한 것은 개인이 하고 싶은 일을 찾아 자율적으로
할 수 있는 상태이다. 새로운 아이디어와 테마가 생기면,
하고 싶은 사람이 나서서 가장 잘 실현할 수 있는 팀과
조직을 그때그때 디자인하면 된다. 회사와 회사의 경계는
모호해도 상관없다. 회사와 회사, 회사와 개인의 사이를
오갈 수 있어야 이상적이다.

* 가게 주인이 오래 일한 종업원에게 분점을 내주던 관습 - 역자 주

그렇다고 우리가 일본에 큰 문제가 있다고 생각하는 것은 아니다. 세계적으로도 3백 년 이상 된 기업은 대부분 일본에 있다고 한다. 창업한지 천년이나 되는 초장수 기업은 일본에만 있다. 한 회사가 같은 일을 반복하기만 해서는 그리 오래 지속될 수가 없으며, 끊임없이 변화를 추구했기에 지금이 있는 것이다. 우리는 미국식 가벼움과 일본의 끈질김, 이 두 가지 장점만 취하고 싶다. 앞으로의 시대에는 매번 같은 일을 하고, 하나의 비즈니스 모델만 키워서는 안 된다. 우리는 '도쿄R부동산'이라는 일을 계속하겠지만, 언제나 변화를 염두에 둘 것이다. 변화에 유연하게 대처하지 못하면 언젠가 보잘것없는 회사가 될 수도 있으리라 생각한다.

스핀 오프 '밀매 도쿄' – 더 큰 설렘을 찾아

지바 게스케(千葉敬介, 밀매 도쿄 바이어/ 도쿄R부동산 매니저)

"정말?!"

대체 몇 번이나 이렇게 외쳤는지 모른다. 그렇게 '밀매 도쿄'는 놀라움과 함께 무심코 막을 올렸다. 그 이후 밀매 도쿄의 다양한 상품과 작품에서도 같은 놀라움을 매일 느끼면서 지금까지 꾸준히 사이트에 소개해왔다. 그 시간을 돌아보면 무르익을 대로 익어 때가 된 느낌이다. 물론 비즈니스 기회를 잡았다거나 수익성이 뚜렷해졌다는 뜻은 아니다. 다만 정서적으로 성숙한 기운이 도래했음은 틀림없다.

밀매 도쿄의 정체는 사이트를 보고 직접 느끼기 바란다.(물품 판매 사이트라고는 하지만, 말로 설명하기 어려운 부분도 있기 때문) 사이트 운영 주체는 주식회사 하이랜드인데, 도쿄R부동산 설립 당시부터 중개 일을 하던 세 사람과 도쿄R부동산 밖에서 영입한 조력자 무라마쓰(村松) 씨가 주축이 된 회사다.

무라마쓰 씨를 조력자라고는 하지만, 사실 그의 말 한마디에 필이 꽂혀 시작된 것이 '밀매 도쿄'이다. 어느 날 불쑥 회의에 참석해서는 우리의 존재감을 날려버렸다. 당시 우리 사무실이 도쿄 시부야(渋谷)에 있었는데, 좁아서 언제나 사람들이 넘쳤고 경계가 모호했다. 어쨌든 그날 무라마쓰 씨가 던진 한마디를 덥석 물 수밖에 없었다.

"물품 판매 사이트는 밑천이 없어도 시작할 수 있어요."

항상 그렇듯 그는 초연한 표정이었다.

"정말?!"

우리는 마구 흥분했다. 당시 나와 도쿄R부동산 스태프인 미카야마(三箇山)는 늘상 하던 이야기가 있었다.

"앞으로 사이트(또는 새로운 일)를 몇 개나 만들면 평생 먹고 살 수 있을까?(굶어 죽지 않을 만큼)"

"열 개 정도."

나는 숫자에 약하지만 암산이 뛰어난 미카야마가 그럴듯한 대답을 해서 '열'이라는 숫자를 염두에

두고 있었다. '뭘 할지' 이런저런 궁리를 하는 둥 마는 둥 지내다가, 도쿄R부동산의 교외 버전을 만들어 보기로 마음먹고 가마쿠라와 보소, 나아가 간토(関東) 외곽과 오키나와(沖縄)까지 가서 물건을 모았다. 당시 도쿄R부동산은 도쿄 도심부만 취급하였다. 그리고 지금은 없어졌지만 보소R부동산과 이나무라가사키R부동산의 전신이 된 '릴랙스 부동산'(real tokyo escape)을 세웠다. 그러면서도 물품 판매 사이트 검토는 꾸준히 이루어졌다.

사실 처음에는 도쿄R부동산 사이트를 방문한 고객들을 보니, 디자인을 하고 작품을 만드는 사람이 '세상에 이렇게 많았나?' 하고 놀랄 정도였다. 고객 중에는 흥미로운 작업자가 많았다. 우리는 그들의 작품을 모아 소개하면 좋겠다는 이야기를 자주 나누었는데, 결국 관심이 지대하던 도쿄R부동산의 스태프 야나기사와(柳澤)가 합세해 '밀매 도쿄'를 출범시켰다.

나와 미카야마, 야나기사와는 또 다른 공통점이 있었다. 솔직히 도쿄R부동산에 대해 약간 시들해지고 있었다. 오해가 없도록 약간 덧붙이면 부정적인 감정은 아니었다. 당시에 사이트 방문자가 서서히 늘고 있었고 덩달아 스태프도 늘었다. 고객들이 좋아할 만한 물건도 자연히 증가하는 추세였으니 반가운 일이었다.

언젠가는 사람들이 봐 줄 것이라며 이름도 생소한 사이트에 마니아나 좋아할 물건을 계속 게재했는데……. '드디어 이런 날이 오는구나!' 싶었다. 스태프가 늘어 '그들이 어떻게 잘 성장할지' 고민하는 시간마저 새로운 기쁨이었다. 하지만 설레고 두근거리는 기대감 하나로 버티던 시절이 몹시 그리웠다. 물론 가속도를 붙여 제대로 수익을 내 보고도 싶었다. 4년 반이 지난 지금까지 그럴 기미는 보이지 않지만 순진하게 대박의 꿈도 꾼다.

우리는 지금도 도쿄R부동산에서 중개 일을 하고, 그 외 역할도 맡아 활동 중이다. 밀매 도쿄는 아직 제대로 수익을 내지 못하기 때문에 도쿄R부동산 활동으로 생활하기는 4년 전이나 지금이나 마찬가지다. 밀매 도쿄가 '히트 상품' 없이 흥미로운 제품만으로 승부하는 장이 되는 건 그 때문일지도 모른다. 이것이 유익한지 아닌지, 판단하기는 다음으로 미루고 조금 더 갈 데까지 가 볼 생각이다.

그나저나 이제 아홉 개가 남은 셈이니 갈 길이 멀다. 제발 미카야마의 계산이 틀렸으면……. 참고로 미카야마는 요즘 'Little Nap COFFEE STAND'라는 가게도 운영 중인데 아주 순조로운 것 같다.

V
하고 싶은 일 하며 살기

좋아하는 일을
직업으로 한다고?

좋아하는 일을 직업으로 삼는 것이 좋은지, 나쁜지는 사람마다 다를 것이다. 좋아하는 일은 취미로 남겨 둬야 좋다는 사람이 있는가 하면, 좋아하는 일로 먹고사는 것만큼 행복한 것이 또 어디 있냐는 사람도 있다. 둘 다 설득력이 있다. 하지만 세상일이 어디 그리 단순한가? 사람에 따라서는 '좋아하는 일'이 '밥벌이'가 되지 않는 경우가 있다. 일을 해서 먹고살려면 인내와 타협이 필요하므로, 좋아하는 일을 직업으로 삼았다가 끝내 불행해지기도 한다. 이 이야기는 좀처럼 결론이 나지 않는다.

우리는 우리가 좋아하는 일을 직업으로 삼고 있다.

적어도 목표에 성실하고, 올바르다 생각하는 방법으로
일하며, 그 과정에서 커다란 행복을 느낀다. 앞으로
힘들어하고 좌절도 하겠지만 당연한 것이라 여긴다.
이렇게 지금도 좋아하는 일로 생계를 이어가고 있다.
다만 우리는 좋아하는 일을 어느 정도 '전략적으로' 한다.
이 점이 상당히 중요하다. '좋아하는 일이니 밥벌이가
되지 않아도 된다'는 생각이 아니라, 좋아하는 일이기에
사회적으로 제대로 인정받고 그 일을 지속하기 위해
심혈을 기울인다. 그래서 우리는 스트레스 없이 계속 갈
궁리만 한다. 또한 좋아하는 일의 범위를 넓히며 더욱
내실을 기하려고 노력한다.

　　좋아하는 일을 직업으로 삼으면 무엇이 좋을까?
우선 가치관이 맞는 사람, 함께 일하고 싶은 사람과
만날 가능성이 높다. 일로 만나는 사람과 친구가 될 수
있다. 반대로 사이좋은 친구와 일을 시작하기도 쉽다.
그러다 보면 사생활과 일의 경계가 사라지기도 한다.
그러면 안 된다는 사람도 있겠지만, 그래서 오히려
행복하게 느낄 수 있다. 그렇다면 나쁜 점은 무엇일까?
일이 힘든 상황일 때 또는 자신의 소신을 굽혀야만 할
때는 분명 고통스럽다. 좋아하기 때문에 더 타협하기
싫어서 고민하게 되는 것이다. 좋아하는 일을 하면서

자신이 믿는 방식이 통하지 않는다는 생각이 들면 얼마나 괴로울 것인가? 그래서 좋아하는 일을 직업으로 삼겠다면 '잘 해야' 하고, 노력과 자신감, 끝까지 파고드는 자세가 필요하다.

좋아하는 일에 재능의 한계가 있다는 이유로 심각하게 고민하곤 한다. 멤버 중 한 명도 그랬다. 건축가가 되어 좋은 건물, 멋진 거리를 만들고 싶다는 꿈을 안고 건축을 공부했지만, 결국 자신의 능력에 확신을 갖지 못했다. 그는 생각을 조금 바꾸었다. 건축가가 되는 길은 포기하더라도 좋은 건물, 멋진 거리를 만드는 일은 포기하지 않겠다고 말이다. 포기하지 않기 위해 포기하기로 한 것이다. 그리고 자기만의 방식을 찾아 즐겁고 당당하게 헤쳐가니, 결과적으로 어느 쪽도 포기한 것이 없었다. 그러니 요즘 같은 시대에는 '좋아한다'는 사실을 좀 더 유연하게 받아들일 필요가 있을 것 같다.

좋아하는 일을 직업으로 삼기 위해서 우리는 우리 나름대로 노력할 것이다. 자신이 정말 잘할 수 있는 일이 어디까지인지는 누구보다 자신이 잘 알기 때문에, 앞으로 할 일을 몇 가지로 추리는 것이 좋다. 그다음 거기서 남보다 뛰어난 무언가를 만들어내야 한다. 이것도 그만큼 많은 에너지가 필요한 일이다. 본래 평생 안심할 수 있는

자리 따위는 세상에 없다. 가장 확실한 안심은 자기
스스로 가치를 만들 수 있는 인간이 되는 것이다. 그러기
위해 노력해야 하고 의욕적인 상태를 유지해야 한다.

여기까지 이르니, 하고 싶은 일을 하지 않고 살다가는
무기력해질 것만 같다. 무슨 일이건 힘든 고비를 피해
갈 수는 없다. 좋아하는 일이라면 혹독하더라도 기꺼이
극복해 낼 수 있다. 멀리 돌아왔지만 역시 좋아하는 일을
해야 한다는 결론이다.

할 수 있는 자유,
하지 않을 자유

회사에서는 무언가 하고 싶은 일이 있어도 대부분은
실현하기가 어렵다. 기업의 상황, 조직 내부의 사정,
결과에 대한 예측 등등. 온갖 이유가 앞길을 막는다.
하고 싶은 일을 포기하는 이유가 '역량 부족인 내
탓'이면 감내하겠지만, 내용을 잘 이해하지 못하거나
실패를 절대 용납하지 않는 상사 때문이라면 속이 쓰릴
수밖에 없다. 또 회사에서는 싫은 일도 보통 해야만 한다.

단순히 잘 하지 못해서 하기 싫은 일이라면 그나마 낫다. 세상에 뭐 하나 도움 되지 않는 일도 있다. 이럴 때가 정말 힘들다. '먹고살려면 어쩔 수 없다', '직장인이 별 수 있나' 등 온갖 이유를 붙여 자신을 설득해 보지만, 아침에 눈을 떴을 때 밀려드는 우울한 기분을 떨치기는 역시 쉽지 않다.

과거 광고회사에서 일하던 한 멤버는 당시 파친코 보급 업무를 맡아야 했다. 그는 파친코에 가 본 적도 없었고, 그곳을 드나드는 사람의 기분도 이해되지 않았다. 더욱이 파친코는 없애야 하는 것이라 생각했다. 그럼에도 회사가 수주한 일이 업무로 주어지니 하지 않을 도리가 없었다. 더 결정적으로, 나쁜 일이라면 '싫다'며 거부할 수 있었겠지만 파친코는 일본에서 정당하게 인정받는 산업이었다. 파친코에서 일하며 삶을 영위하는 종사자가 있었으며, 그곳에서 행복한 한때를 보내는 사람은 수천만 명이나 됐다. 그런 일을 못하겠다고 버틸 만큼 어린아이도 아니었다. 선택지는 회사 얼굴에 먹칠하지 않도록 업무를 수행하는 것뿐이었다.

우리 멤버들은 주로 이런 일에 약하다. 놀고먹으려는 사람들도 아니고, 오히려 일을 많이 하고 싶어 하며 열심히 노력하려는 이들이다. 그렇지만 '자유'가 없으면 곤란한 사람들이다. 일을 '할 자유'와 '하지 않을 자유'.
참을성이 부족한 우리에게 이 두 가지 자유가 없으면
정말 곤란하다. 회사를 그만둔 이유 중 가장 큰 것인지도
모른다. 물론 '자유를 달라!'를 외치며 독립한다 해서
스트레스가 없을까? 그럴 리 만무하다 정도는 알고
있었다. 돈이 없고, 사람이 없고, 시간도 없는 상황이
기다릴 것은 틀림없었다. 그래도 자신의 능력, 가능성과
무관하게 임무가 정해지는 상황만은 싫었으니, 능력이
부족해 생각만큼 일을 해내지 못하는 것은 큰 문제가
아니었다. 사표를 던지고 나온 지금은 '나와는 맞지
않다', '내 소신에 어긋난다'는 이유로 거절할 수 있는
입장이 되었다. 얼핏 소극적인 자세로 보일 수도 있지만,
우리에게는 의미 있는 사건이었다.

제대로
돈 벌기

　　우리는 흔히 말하는 장사꾼 타입이 아니다. 돈이
싫지 않고 벌면 좋지만, '돈벌이'나 '이익 최대화' 같은

말을 진지하게 입에 담기는 좀 쑥스럽다. 원래 건축 좋아하는 사람 치고 장사에 능한 사람이 없다. 하지만 올바른 주제와 목표를 이루기 위해 진지하다면서, 말만 번지르르한 것은 오히려 태만이 된다. 현실을 다부지게 헤쳐나가려고 노력하는 것이 현명하다. 우리 멤버 중 몇 명도 건축설계 일을 했기에 돈을 버는 것은 어디까지나 일의 결과이지, 목적은 아니라 생각했다. 하지만 우리도 어른이 되었는지 이윤을 얻는 행위가 본래 공정한 것이라는 당연한 사실을 깨닫고 재미를 느끼는 중이다.

돈은 그 자체가 도구로서 기쁨이나 가치의 교환을 보다 용이하게 한다. 돈 버는 일을 올바르게, 그리고 제대로 한다면 모두가 행복한 방향으로 일이 진행된다. 그러니 사업을 잘 하면 일뿐 아니라 세상이 진보한다. '아무리 생각해도 돈이 될 것 같지 않지만, 재미있을 것 같으니 해보자.' 이런 발상을 가끔은 할 수 있다. 아니, 오히려 해야 한다고 본다. 하지만 '돈은 안 되지만 좋은 일이다. 열심히 해야 한다!'는 사고 자체를 포기한 느낌이다. 무척 옹색하다. 어쨌든 돈 벌 방법을 궁리해야 한다.

우리 같은 일을 하다 보면 아파트 개발업자는 무조건 '나쁜 놈'이라 단언하는 사람을 종종 만난다.

이익 지상주의자들로 매력적인 마을 풍경을 해치는
주범이라는 논리다. 또 금전적인 부분은 일절 언급하지
않고 근사한 마을 만들기만 늘어놓는 사람도 만난다.
정말 대단한 아이디어와 청사진을 제시한다면 몰라도
어중간하게 현실 도피하듯 겉만 번듯한 논의만으로는
아무것도 해결하지 못한다.

　사회는 온갖 것들이 복잡하게 얽혀 있다. 아름다운
건물보다 자산 지키기를 더 중하게 생각하는 것도
한편으로는 '당연'하다. 이 부분을 이해해야 한다. 이익을
취하려는 사람들도 모두 진지하다. 문제는 과도한지
여부이지, 이익을 추구하는 자체가 나쁜 것은 아니다.
정말 가치 있는 일을 하는 사람이야말로 이익을 내서,
의미 있는 다음 한 수를 두어야 한다. 우리는 자본주의를
부정하지도, 근시안적인 사고나 시류에 결코 휩쓸리지도
않으며, 우리의 비전을 실현하기 위해 제대로 이익을 내는
사업을 할 것이다.

우리가 생각하는
창조적인 일

　도쿄R부동산의 일은 자기 주관이 있는 사람과
개성 있는 물건을 연결함으로써 행복한 만남과 생활을
만들어내는 것이다. 그것이 유형의 새로운 것을
만들어내는 일은 아닐지 모른다. 하지만 웹사이트라는
'장'이 있기에 독특한 물건을 빌리거나 사려는 사람들이
모일 수 있으니, 흥미로운 물건이 늘어나는 원동력이 되는
것만은 사실이다. 그 점에서 '가치' 있는 일이라 믿는다.
우리는 세상에 가치와 풍요로움을 제공하고자 하며, 이
일이 가치 있는 일이기에 일의 영향력을 넓혀가길 원한다.
　그런데 가치를 낳는 일이라고 해서 '받을 수 있는
대가=돈'이라 생각하면 위험하다. 인간과 지구를
행복하게 하지도 않는데 돈을 받는 상황은 실제 꽤나
많기 때문이다. 남을 속이거나 협박해서 돈을 버는 사람도
있다. 그뿐인가? 금융 또한 본래는 가치를 만들어내야
하는 일임에도 그저 돈을 여기서 저기로 옮기면서
누군가가 다른 누군가의 부를 빼앗는 데 그치곤 한다.
아름다운 건축물을 만드는 일은 가치가 있지만, 편향된

시각으로 만들어낸 어중간한 건축은 일의 가치를 떨어뜨리기도 한다. 결국 그 누구도 행복하지 않은 결과를 초래한다. 한편 사람의 기쁨이나 진정한 가치를 만들어내면서 '밥을 굶어야 하는' 일도 있다. 세상에 내놓는 가치와 받을 수 있는 돈이 항상 일치하지는 않는다.

'창조적인' 일이란 무엇일까? 단순히 임팩트 있는 광고를 제작한다고 해서 창조적인 일은 아니다. 창조적인 표현이 아니라 '가치'를 창조하는 것이 본질이다. '팔아먹는 기술'이나 '욕구를 자극하는 기술'은 가치 창조와 거리가 멀다. 조금 거창하게 말하면 전 지구적 차원에서 도움이 되는 일이어야 한다. 새로운 발상과 관점이 중요하지만, 결과적으로 누군가에게 금전적 이익을 줄 뿐 아니라 세상 전체의 행복이 커지고 진화해야 본질적으로 의미 있는 일이라 할 수 있다.

앞으로 창조적 일은 '새로운 가치를 낳는 법'을 만들 수 있는지 여부에 달려있다. 물질적 욕구가 대부분 충족된 이 시대에 다른 욕심을 더 낸다면 '좋은 일을 해서 충만하고 존경받고 싶다'일 것이다. 결국 '당신이 하는 일은 가치 있는 일'이라는 말을 듣는다면 가장 기쁠 것이다.

'좋고 말고'와
'타모리 클럽'

타모리* 씨는 위대하다. 일본인이라면 누구나 다
아는 국민적 TV 프로그램 '웃어도 좋고 말고!'를 수십
년이나 진행하며 많은 사람을 즐겁게 했다. 또 '타모리
클럽'에서는 마니아의 주제를 자신만의 감각으로 근사하게
풀어낸다. 우리 멤버들은 조금씩 차이가 있긴 해도 그런
타모리 씨를 존경한다.

지금 우리가 하는 일은 어찌 보면 '타모리 클럽'의
소재와 비슷하다. 자신의 세계관을 가지고 하는 일, 그에
공감하는 사람을 대상으로 하는 일이다. 그런데 그 정도로
만족하지는 않는다. '타모리 클럽'에 소개될 만큼 마니아의
인생을 바라지도 않을뿐더러 '웃어도 좋고 말고!'처럼
황금시간대 프로그램만 제작하는 일도 그다지 설레지
않는다. 우리는 양쪽 다를 원한다. 욕심이라 해도 좋다. 그

---

* 일본의 희극 배우, 본명은 모리타 가즈요시(森田一義, 1945~). 1975년 데
뷔 이후 현재까지 최고로 손꼽히는 방송인이다. 심야 버라이어티 프로그램인
'타모리 클럽'(1982~)을 진행하고 있으며, '웃어도 좋고 말고!'(1982~2014)를
프로그램 폐지 때까지 진행하였다. - 역자 주

욕심 때문에 기존의 커리어와 수입을 버리고 여기 모일 수 있었다. 일본의 주택과 사무실이 너무나도 무미건조하니 바꿔보자는 생각이 근본에 있는데 '아는 사람만 아는' 행위로 그치기는 싫기 때문이다.

'웃어도 좋고 말고!' 같은 사업이라면 우리가 참모 역할을 해도 좋고, 핵심 상품을 개발하는 외부 회사가 되어도 상관없다. 바꿔 말하면 '타모리 클럽'은 작지만 올바른 활동과 메시지를 전하는 일이고, '웃어도 좋고 말고!'는 많은 이들의 요구에 부응하는 일이 된다. 이런 얘기를 하고 보니 사람은 누구나 그렇다는 것을 깨달았다. 무조건 메이저가 좋다는 사람이 있겠지만, 누구라도 마니아를 즐기는 면이 있다. 또 그것을 즐긴다. 세상이 이만큼 성숙했으니, 하나에 사로잡히지 말고 다양한 것에 욕심을 부려도 좋을 것이다.

우리는 우리의 세계관을 소중히 여기며, 그 세계관을 이해하는 사람이 우리를 알아보는 기쁨을 일에서도 계속 누리고 싶다. 한편으로는 세상에 큰 영향력을 미칠 수 있는 사업에도 관여하고 싶고, 돈이나 인기가 전부는 아니지만 그런 운이 따라주어도 좋을 것이다. 이런 생각에 공감하는 사람이 더 많을수록 세상은 더 좋아질 것이다.

도쿄R부동산의 멤버들은 부동산 일을 하면서, 섬에서

민박집을 운영하고 개성 뚜렷한 물품 판매 사이트도
운영 중이다. 어떤 것이 '웃어도 좋고 말고!'인지, 어떤
것이 '타모리 클럽'인지 구분 짓기는 어렵다. 상대적으로
판단할 수도 있을 것이다. 어쨌든 사람은 양쪽 성질을
다 지닐 때 균형감을 갖출 수 있고, 생활과 정서가 모두
풍요로워진다. 기업도 그래야 지속성이 커지리라 믿는다.

우리도 다음 주제 중 하나는 '좋고 말고!'이다. 도쿄,
일본을 시발점으로 삼아 세계를 시야에 두어야 할 것이다.
스케일을 키우는 사업도 할 것이다. 그때도 우리는 프리
에이전트 스타일을 유지할 것으로 생각되며 '하고 싶은
일 우선', '동료 우선', '규모보다는 영향력'을 원칙으로
고수할 것이다.

커리어에서
여행으로

가만히 있어도 지위가 올라가던 시대는 아쉽게도
끝났다. 잘만 버티면 직책과 월급이 오르리라 기대할
수 있는 사람은 얼마 되지 않는다. 그런데도 사람들은

조금이라도 커리어를 쌓아 '위로' 올라가려 노력한다.
우리도 그 노력을 하지 않는 것은 아니고, 나쁜 것도
아니다. 하지만 사고방식을 바꿀 필요는 있을 것 같다.
기술과 지식, 경험을 쌓는 것은 좋지만, '출세, 독립, 창업,
상장'이라는 공식을 따라 끝없이 위를 보며 절박하게
달려야 할까? 이런 공식에는 언젠가 공허에 휩싸일
가능성이 다분하다.

인간의 행복은 재산이나 직책의 절대치와는
무관하다. 자신이 어제보다 진화했음을 느끼고, 미래에
대해 희망을 품고, 동료와 같은 목적을 향해 나아갈
때 비로소 충만과 행복을 느낀다. 대단한 논설을 펼칠
능력은 안 되지만, 인생은 커리어보다 '여행'에 가깝다고
생각한다. 그래서 언제나 같은 장소에 있어야 할 이유는
없을 것이다. 오히려 점점 새로운 장소로 자꾸 움직여야
한다. 항상 업그레이드하지 않아도 되고, 때로는 사치하고
때로는 절약하며, 호기심을 갖고 감동과 자극, 만남을
추구하면서 무언가를 발견하면 되지 않을까?

어딘가에서 운명적인 사람이나 장소를 마주하면 평생
머물러도 좋을 것이다. 한곳에 눌러 살 듯 오래 머무는
여행도 있으니까 말이다. 관광지를 둘러보는 정도로는
발견할 수 없는 진정한 모습이 보일 것이다. 자극에 지친

자신을 중립의 상태로 되돌리기 위해 필요한 시간이
된다.

　인생을 설계할 때, 커리어를 쌓기 위한 계획은 역시나
너무 딱딱하다. 여행 계획을 짜듯 계획을 세우면 어떨까?
커리어는 차곡차곡 '쌓기'를 하는 것이지만, 인생과 일은
그처럼 생각대로 흘러가지 않는다. 사람의 가능성은
훨씬 우발적으로 열릴 수도 있다. 어쩌면 인생을 몇
단계로 나누어도 좋을 것 같다. 경험은 겹겹이 쌓여
지혜가 될 것이다. 동료가 늘고 호기심만 유지하면
지위가 높아지리란 장담은 못해도 진화하고 행복해진다.
'스킬'이 아니라 지혜와 네트워크를 쌓아 생명력을 길러
가는 것이다.

　직장인이 일반인을 대변하는 사회는 지난 수십 년
정도이다. 50, 60년 전에는 개인과 가족을 중심으로
일하는 사람이 압도적으로 많았고, 회사에 다니는
사람은 극히 일부였다고 한다. 앞으로 사회가 어떻게
변할지 아무도 모르지만 여러모로 유동적인 편이 강할
것이다. 시대는 이미 변하고 있다. 회사의 일원인 나,
운영자인 나도 현재의 모습일 뿐이다. 곧 다음 목적지를
찾아가면 된다. 우리는 지금 여행 중에 도착한 어느
마을에 마음 편하게 머물고 있는지도 모른다. 이곳에서

여생을 마무리해도 나쁘지 않을 것 같다. 우선은
여기에서 현재를 백 퍼센트 충실하게 꾸리고 싶다.

우리에게
소중한 것

의식적이든 무의식적이든 일하는 이유, 직업을 고르는
기준에 대해 생각하지 않는 사람은 없을 것 같다. 생각이
다 같지는 않겠지만 우리는 일단 우리 자신과 동료가
행복하고 충만을 느낄 수 있는 데 충실하려 한다. 그리고
당연히 그 일은 사회적으로 바람직한 가치를 창출해야
할 것이다. 만약 '물질적인 풍요와 정신적인 충만' 중 어느
쪽이 더 좋은지 묻는다면 대답은 분명하다. 물질적인
풍요는 익숙해지면 질리고 그것이 행복을 의미하지
않는다. '지위와 행복'은 어떠한가? 지위를 원하기
시작하면 그 길로 끝없는 욕망의 쳇바퀴에 들어선다.
지위와 돈이 무의미하다는 것이 아니라 '무엇이 충만이고,
무엇이 행복인지' 본질적인 고민을 해야 한다는 것이다.
일본인들은 행복해지려고 회사를 위해 열심히 일했고,

지금도 풍요로워지기 위해 혹은 행복을 잃지 않기 위해 기술을 연마하고 공부를 한다. 그것으로 훌륭하지만, 그것만으로 충만과 행복이 디자인되지 않는다. 행복을 위한 극히 일부의 상세도 그리기에 지나지 않는다. 전체를 보는 시각이 없기 때문이다.

어떻게 해야 행복과 충만을 얻을 수 있을까? 진지하게 생각해 보면 꼬리에 꼬리를 무는 이야기가 될 것이다. 좋아하는 일을 하고, 좋은 동료와 함께하고, 가족이 있고, 자기 일에 훌륭한 평가를 받고, 누군가에게 도움이 되고, 새로운 것을 창조하고, 높은 자리에 오르고, 앞날의 희망이 있고, 안정된 미래가 있고, 매일 취미 시간을 보낼 수 있고, 인기가 많고, 진화하고 있음을 실감하고, 돈이 많고…… 당연히 사람마다 대답이 다르고 우선순위도 다를 것이다.

언젠가 멤버 몇몇이서 자신에게 중요한 것에 대해 얘기 나눈 적이 있다. '비전', '자유', '여행', '초밥' 그리고 '가족'이라는 다섯 개의 키워드가 가려졌다. '비전'은 직업적인 주제로, 우리의 경우는 '개성과 취향이 있는 공간'을 늘리는 것이다. 이것이 가장 중요하다. '자유'는 하고 싶은 일을 할 수 있는 상태를 말한다. 그리고 '여행'을 할 수 있는 인생이어야 한다. '초밥'은 돈의 척도인데,

자가용 제트기는 없어도 되지만 맛있는 초밥을 마음껏
먹을 수 있을 정도의 경제력은 제대로 확보하기를 원한다.
'가족'은 부모, 자식은 물론이고 가치관을 공유할 수 있는
동료까지 포함하는 개념이다.

　때로는 키워드끼리 상충하지만 우리에게 하나같이
소중한 것들이라서, 비전을 위해 자유를 버리는 선택은
몹시 괴로울 것이다. 도전 끝에 초밥을 먹을 수 없게 될
수도 있다. 그럼에도 이 다섯 가지는 동등하게 중요하다.
이 생각은 멤버에 따라 조금씩 차이는 있지만 공통적이다.
우선순위가 사람마다 같을 수 없고, 시간이 지나면 바뀔
수 있다. 그래서 일반론이 될 수도 없다.

　부동산, 일자리, 결혼 상대를 선택할 때도 마찬가지다.
자신의 가치관에 자신감을 가질 수 있으면 가장 좋다.
그래야 제대로 일할 수 있고 사회에 대한 기여, 경제적인
보상으로도 이어질 것이다. 자신에게 무엇이 중요하고,
어떻게 살고 싶은지를 되짚으면서 살면 적어도 허튼
길로는 가지 않으리라 생각한다. 우리는 일반론을
좋아하지는 않아서 이 내용도 남에게 강요할 생각은 없다.
다만 하나를 꼽자면 '자유롭고 싶다'는 것. 밥 딜런도
노래하지 않았는가. "아침에 일어나 하고 싶은 일을 할 수
있는 사람이야 말로 성공한 사람이다."라고.

나가며

앞으로
도쿄R부동산의 일

　도쿄R부동산이 하는 일에는 솔직히 군더더기가 많다.
돈벌이를 좀 더 합리적으로 하려 했다면 다른 방법이
있었을 터. 그 길을 선택하지 않은 것은 목적이 달랐기
때문이다. 우리는 왜 일을 하는가? 지금 나이가 되기까지
남들이 일하는 방식을 많이 보았다. 단숨에 큰돈을
벌어들인 친구, 조직에서 착실히 계단을 밟아 오른 친구,
평온한 전원생활을 택한 친구……. 다들 부럽지만, 그
어느 것도 우리와 맞지 않다. 그러면 우리는 왜 이렇게
일하는 방식을 택했을까? 일을 하는 방식 자체로 우리의
가치관을 말하고 싶었던 것은 아닐까? 이 책을 쓰면서
다시 깨달았다.

우리는 도쿄R부동산을 단순한 부동산 중개 사이트라고 생각하지 않는다. 물론 수익면에서는 부동산이 핵심이지만 그보다는 '가치관을 드러내기 위한 매체'라는 점이 더 중요하다. 우리 가치관에 공감하는 사람이 매우 많다고는 할 수 없다. 이 점을 분명히 알고 있고 그래서 단순한 규모 확대는 꾀하지 않는다. 하지만 사회는 점차 세련되어 가고 있다. 도쿄R부동산이 사물을 대하는 시각, 가치를 전환시키는 것에 공감하는 사람은 틀림없이 늘어날 것이다.

앞으로 도쿄R부동산은 현재 진행하는 사업을 축으로 삼아 조금씩 다른 방면에 눈을 돌릴 것이다. 어떤 계획이 있다기보다 구성원을 중심으로 전개한다는 방향만 있다. 새로운 도전의 순간에 어떤 인재들이 모여 있고 무슨 일을 하려는지가 중요하다. 그때 도쿄R부동산은 개인들의 자유를 담보하는 그릇이고 싶다. 물론 새로운 도전에 상응하는 리스크를 감수해야 하고, 주변을 설득하거나 끌어들이는 힘을 갖추어야 한다. 그 과정을 어떻게 디자인할지도 일의 묘미다.

조직은 그릇이나 도구에 불과하다. 더 중요한 것은 그것을 이용해 누가 무엇을 하는가이다. 언젠가 모선(母船)인 도쿄R부동산보다 큰 사업이 나타날지도 모른다. 아니, 그랬으면 정말 좋겠다. 그것이야말로 그룹 전체가 활성화하고 있다는 증거이기 때문이다. 신사업과 구사업의 교류가 일어나고, 그 과정에서 또 새로운 전개가 이루어져야 한다. 세포 분열을 하며 성장하는 생물처럼 멈춰있지 않고 변화하는 조직이야말로 우리가 바라는 바다.

현실에서는 자본, 알력 등으로 여러 문제가 일어날 것이다. 그리고 이 방식이 옳은지도 아직은 알 수 없다. 시간이 아무리 흘러도 사회는 불확실하고 불안할 수밖에 없다. 그렇다면 하고 싶은 일을, 하고 싶은 동료와 함께 하는 것이 낫다. 매우 단순하지만, 결국 목표 지점은 그곳이다. 그리고 위험에 꼼짝 않고 눌러앉기보다 마음껏 움직이는 편이 훨씬 후련하다. 그렇게 우리는 멈출 수 없는 호기심, 팀워크를 무기 삼아 다음 즐거운 일을 향해 또다시 나아간다.

2000 바바 마사타카가 잡지《A》의 편집을 시작함과 동시에 프리 에이전트로서 활동을
     개시, 오픈 에이를 설립(옛 바바 아틀리에)

2003 빌딩 공급 과잉으로 인한 공실 증가가 사회 문제로 부상한 시기. 도쿄의
     핫초보리(八丁堀)와 츠키지(築地)의 낡은 빌딩을 직접 개조해 매일 밤 유흥
     공간으로 사용하거나, 히가시 니혼바시 주변의 낡은 빌딩을 돌아다니며 사진을
     찍어 지도에 표시했다. 독특한 부동산을 찾는 사람들의 상담이 서서히 늘었다.
     웹사이트 '도쿄R부동산'을 개설하고 히가시 니혼바시를 중심으로 한 도쿄
     동부지역(CET)의 낡고 빈 건물 등을 차츰 소개하였다.

   · 요시자토 히로야가 독립. 프리 에이전트로서 활동을 개시
   · 바바 마사타카, 요시자토 히로야가 '도쿄R부동산'의 기본 콘셉트를
     개발
   · 오사카에 있는 낡은 연립주택의 입주자를 모집해 달라는 의뢰를
     받고 아티스트들의 입주를 중개. 임대를 '포기'할 정도로 낡은 물건을
     소유한 건물주와 크리에이터 간 소통이 쉽지 않음을 알게 되면서
     마니아 성향의 물건을 임대할 수 있다는 가능성에 눈 뜸.
   · 니혼바시의 창고를 리노베이션한 사무실 'UT'를 거점으로 야스다
     요헤(安田洋平), 미카야마 야스시(三箇山泰)가 가세해 도쿄R부동산이
     본격 출범
   · 웹사이트 '리얼 도쿄'와 링크한 뒤 입소문에 의해 방문자가 급증
   · 연말 즈음 20만 페이지 뷰/월, 웹 매거진 회원 3천 명 돌파. 이때만
     해도 매출이 발생하기 전임.

2004 입소문을 타고 크리에이터들 사이에서 인지도가 높아졌다. 사업모델을
      광고(미디어업)로 할지, 중개로 할지 고민한 끝에 자기 자신의 스타일을
      고수하겠다는 의미에서 부동산 중개업으로 결정하였다. 부동산 편집숍으로서
      대상 지역과 물건의 유형을 니혼바시 부근의 낡은 빌딩 이외로 확대하기
      시작했다.

    · 하야시 아쓰미가 퇴직, 도쿄R부동산에 합류
    · 하야시와 요시자토가 스피크를 공동 설립
      스피크, 오픈 에이 양사에 의한 운영 체제를 확립하고 중개 업무
      시스템을 정비
    · 시로가네(白金)에 창고 사무실을 빌려 또 하나의 거점으로 삼음.
    · 기념비적인 첫 계약 성사
      미나미아오야마(南靑山)의 임대료 8만 엔짜리 낡은 아파트
    · 지바 게스케, 야나기사와 리나 등 핵심 멤버가 프리 에이전트로 합류
    · 물건 발굴을 강화. 건물주와 부동산회사를 예고 없이 방문해 영업
      활동을 펼치거나, 자전거를 타고 목표 지역을 돌아다니는 방법에 도전

2005 물건 계약이 일정해지면서 사업적 면모를 제대로 갖추기 시작했다. 드디어
      멤버들이 도쿄R부동산 일만으로 먹고 살 수 있게 되었다.

    · 웹사이트 개편
    · 시로가네의 창고에서 시부야의 상가건물로 이전하고 메인 거점으로
      삼음. 니혼바시의 창고 사무실은 서브 거점으로 계속 운영
    · 계약이 성사된 고객을 모아 파티 개최. 고작 부동산 중개업자가
      개최한 파티에 손님 2백여 명이 몰림. 고객의 작품을 전시하고
      퍼포먼스를 선보이는 자리도 마련함.

- 웹페이지 '빈티지 맨션 카탈로그' 오픈
- 목표 달성을 기념한 하와이 여행. 대부분이 서른을 넘었는데, 거의
  모두에게 첫 하와이 나들이였음.

2006 4월에 첫 책《도쿄R부동산》을 출간하고 나서 크리에이터 외 고객층이 크게
      확대되었다. 언론 노출이 많아지자 페이지 뷰가 2백만 회를 달성했고, 유사
      사이트도 여럿 나타났다.

- 단행본《도쿄R부동산》출간
- 교외 물건만 모은 '릴랙스 R부동산'을 오픈(나중에 보소R부동산 등과
  연결)
- 폭탄머리 무로타 등 프리 에이전트 멤버 증가
- 연 수입 7백만~8백만 엔 수준의 멤버가 다수 나타남.

2007 프리 에이전트 멤버가 늘어 현재의 하라주쿠 사무실로 이사했다.
      가나자와R부동산, '밀매 도쿄' 같은 향후 사업의 실마리가 되는 사이트를
      오픈했다.

- 사무실 물건만 다루는 사이트 '도쿄 오피스 정보' 오픈
- 유한회사 E.N.N.과의 제휴를 통해 '가나자와R부동산' 오픈. 지방
  사이트의 선구 역할을 함.
- 하라주쿠에서 도보 2분 거리에 있는 큰 테라스가 딸린 사무실로 이전
- 물품 판매 사이트 '밀매 도쿄' 오픈. 프리 에이전트 멤버들의 첫 창업

2008 지방 R부동산이 속속 오픈했다. 연말에 'R부동산 서미트'라는 행사를 열었다.
부동산 소유주와 지자체 등의 상담도 늘었다.

- 주식회사 DMX와 제휴해 '후쿠오카R부동산' 오픈
- 주식회사 뱀브릭과 제휴해 '보소R부동산' 오픈
- 이나무라가사키 산초메부동산 주식회사와 제휴해
  '이나무라가사키R부동산' 오픈
- 혼고(本郷)의 료칸에서 'R부동산 서미트' 개최. 전국의 R부동산
  멤버가 모임.

2009 · 《도쿄R부동산2》를 발매
- 리노베이션 한 가치도키(勝どき)의 낡은 창고 공간에서 출판 기념 파티
- 리노베이션 서비스(R공사) 시작

2010 · 도호쿠예술공과대학 등과 제휴해 '야마가타R부동산 Ltd.' 오픈
- 대만에서 중국어판《도쿄R부동산》을 출간. 타이베이에서 세미나와
  강의
- 운영 개시 이후 매출이 지속적으로 상승, 사상 최고 매출을 달성
- 인테리어 소품 및 자재 판매 사이트 'R부동산 toolbox' 출범

2011 · 신주쿠 니초메(新宿二丁目)에서 '공개채용 면접' 이벤트를 개최
- 유한회사 Lusie와 제휴해 '고베R부동산' 오픈
- 프리 에이전트 멤버가 그룹 회사를 설립하고 자신도 직접 출자
  촬영 스튜디오와 촬영지 검색 사이트 '(R)studio_DIRECTORY' 오픈
- 주식회사 아트 앤 크래프트와 제휴해 '오사카R부동산' 오픈

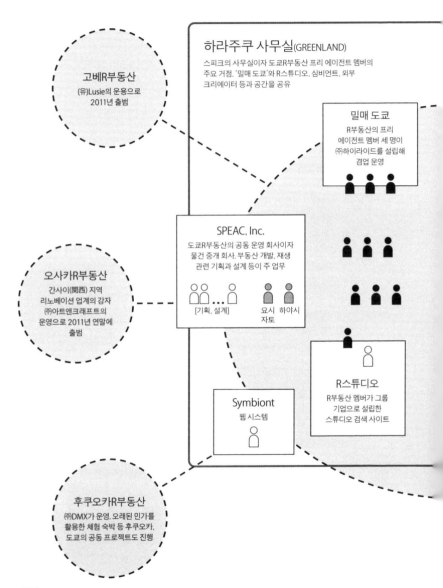

하라주쿠 사무실(GREENLAND)

스피크의 사무실이자 도쿄R부동산 프리 에이전트 멤버의 주요 거점. '밀매 도쿄'와 R스튜디오, 심비언트, 외부 크리에이터 등과 공간을 공유

고베R부동산
(유)Lusie의 운용으로 2011년 출범

밀매 도쿄
R부동산의 프리 에이전트 멤버 세 명이 ㈜하이라이드를 설립해 겸업 운영

SPEAC, Inc.

도쿄R부동산의 공동 운영 회사이자 물건 중개 회사. 부동산 개발, 재생 관련 기획과 설계 등이 주 업무

[기획, 설계]   요시 자토   하야시

오사카R부동산
간사이(関西) 지역 리노베이션 업계의 강자 ㈜아트앤크래프트의 운용으로 2011년 연말에 출범

R스튜디오
R부동산 멤버가 그룹 기업으로 설립한 스튜디오 검색 사이트

Symbiont
웹 시스템

후쿠오카R부동산
㈜DMX가 운영. 오래된 민가를 활용한 체험 숙박 등 후쿠오카, 도쿄의 공동 프로젝트도 진행

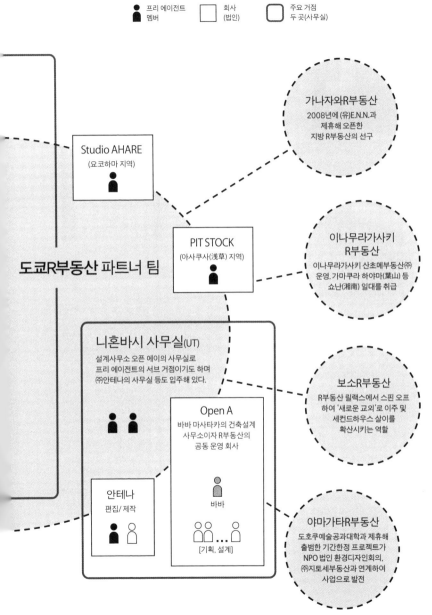

● 프리 에이전트 멤버　　□ 회사 (법인)　　◯ 주요 거점 두 곳(사무실)

가나자와R부동산
2008년에 (유)E.N.N.과 제휴해 오픈한 지방 R부동산의 선구

Studio AHARE
(요코하마 지역)

PIT STOCK
(아사쿠사(浅草) 지역)

이나무라가사키 R부동산
이나무라가사키 산초메부동산㈜ 운영. 가마쿠라 하야마(葉山) 등 쇼난(湘南) 일대를 취급

도쿄R부동산 파트너 팀

니혼바시 사무실(UT)
설계사무소 오픈 에이의 사무실로 프리 에이전트의 서브 거점이기도 하며 ㈜안테나의 사무실 등도 입주해 있다.

Open A
바바 마사타카의 건축설계 사무소이자 R부동산의 공동 운영 회사

바바

보소R부동산
R부동산 릴랙스에서 스핀 오프하여 '새로운 교외'로 이주 및 세컨드하우스 살이를 확산시키는 역할

안테나
편집 / 제작

[기획, 설계]

야마가타R부동산
도호쿠예술공과대학과 제휴해 출범한 기간한정 프로젝트가 NPO 법인 환경디자인회의, ㈜지토세부동산과 연계하여 사업으로 발전

[저자 소개]

바바 마사타카(馬場正尊)

오픈 에이 대표/ 도호쿠예술공과대학 준교수/ 도쿄R부동산 디렉터

1968년 사가현 출생. 1994년 와세다대학 대학원 건축학과 수료. 광고회사 하쿠호도에 4년간 근무한 뒤 와세다대학 박사과정에 복학했고, 이 시기에 잡지《A》의 편집장을 경험. 2003년에 설계사무소 오픈 에이를 설립하면서 거의 동시에 요시자토, 하야시 등과 함께 도쿄R부동산을 결성. 2008년부터 도호쿠예술공과대학 준교수. 건축, 집필, 부동산, 교육 활동의 균형을 잡기 위해 필사의 노력 중. 건축 작업으로 '보소의 바바 씨 집과 이치노미야 서프 빌리지', 'TABLOID', 저서로《새로운 교외의 집》, 《도시 리노베이션》등이 있다. 도쿄R부동산에서는 편집과 콘셉트 디렉션을 담당하고 있다.

하야시 아쓰미(林厚見)

주식회사 스피크 공동대표/ 도쿄R부동산 디렉터

1971년 도쿄 출생. 도쿄대학 공학부 건축학과 졸업. 맥킨지에서 경영전략 컨설팅에 종사한 뒤 컬럼비아대학교 건축대학원 부동산개발과 수료. 부동산 디벨로퍼를 거쳐 2004년에 요시자토 히로야와 주식회사 스피크(SPEAC)를 설립하고 현재 공동대표를 맡고 있다. 도쿄R부동산에서는 주로 사업 면의 매니지먼트를 맡고 그 외 부동산 개발, 재생에 관한 사업기획, 프로듀스, 신규 사업개발, 카페 및 민박 경영 등을 담당하고 있다.

요시자토 히로야(吉里裕也)

주식회사 스피크 공동대표/ 도쿄R부동산 디렉터

1972년 교토에서 태어나 요코하마, 가나자와에서 자람. 도쿄도립대학 공학연구과 건축학 전공 수료. 배낭 하나 메고 전 세계를 돌아다닌 뒤, 주식회사 스페이스 디자인에 입사. 리크루트 사의 창업자인 에조에 히로마사(江副浩正) 씨 밑에서 부동산 개발사업에 종사하며 비즈니스를 배움. 2003년에 독립해 바바 마사타카와 도쿄R부동산을 창업했고, 2004년에는 하야시 아쓰미와 주식회사 스피크를 공동 설립. CIA Inc./The Brand Architect Group에도 참여해 도시시설 및 소매점 브랜딩 디자인을 담당. 현재 도쿄R부동산의 운영, 사업 전개를 이끌며 건축, 디자인, 부동산, 마케팅 등에 포괄적으로 관여하는 디렉터로서 다수의 프로젝트를 추진 중이다.

{도쿄R부동산}
이렇게 일 합니다

초판1쇄 펴낸날 2020년 5월 1일
　　3쇄 펴낸날 2021년 11월 25일

지은이 바바 마사타카, 하야시 아쓰미, 요시자토 히로야
옮긴이 정문주

펴낸이 강정예
펴낸곳 정예씨 출판사　주소 서울시 마포구 월드컵로29길 97
전화 070-4067-8952　팩스 02-6499-3373
이메일 book.jeongye@gmail.com　홈페이지 jeongye-c-publishers.com

번역 감수 손경정
표지 디자인 조형석　본문 조판 김준형
인쇄 다다프린팅　제책 에스엠북　용지 한서지업사

이 도서의 국립중앙도서관 출판예정도서목록(CIP)은 서지정보유통지원시스템
홈페이지(http://seoji.nl.go.kr)와 국가자료종합목록 구축시스템(http://kolis-
net.nl.go.kr)에서 이용하실 수 있습니다.(CIP제어번호 : CIP2019023783)

ISBN 979-11-86058-26-8

도쿄R부동산
에피소드 모음

자신의 삶과 공간을
스스로 선택하고, 만들고, 사용하고,
즐기려는 사람들을 위한 안내서

오래된 것에 매력을 느끼며 옛 건물을 수리해 사는 사람들, 건물의 분위기나 주변 경관에
우선 가치를 두는 사람들, 공간 구획이 되어 있지 않은 채 골조만 있는 공간은 자기방식대로
개조할 수 있어 좋다는 이들의 이야기, 모두 저마다의 가치관과 삶이 만들어내는 공간
이야기가 펼쳐진다. ① 공간 개조 아이디어와 실용적인 정보(전후 도면과 사진) ② 공간을
선택하는 질적인 가치 기준 ③ 자신의 경제규모에 맞는 자금 운용계획 ④ 건물주와 세입자
모두 이익이 되는 새로운 임대방식 ⑤ 내집을 구하는 발상의 전환과 비법 수록!

도쿄R부동산 지음 · 정문주 옮김 · A5 판형 변형 · 페이지 264쪽 · 전체 컬러 · 정가 16,500원 ·
ISBN 979-11-86058-14-5